KB093539

사고의 프런티어 1

역사/수정주의

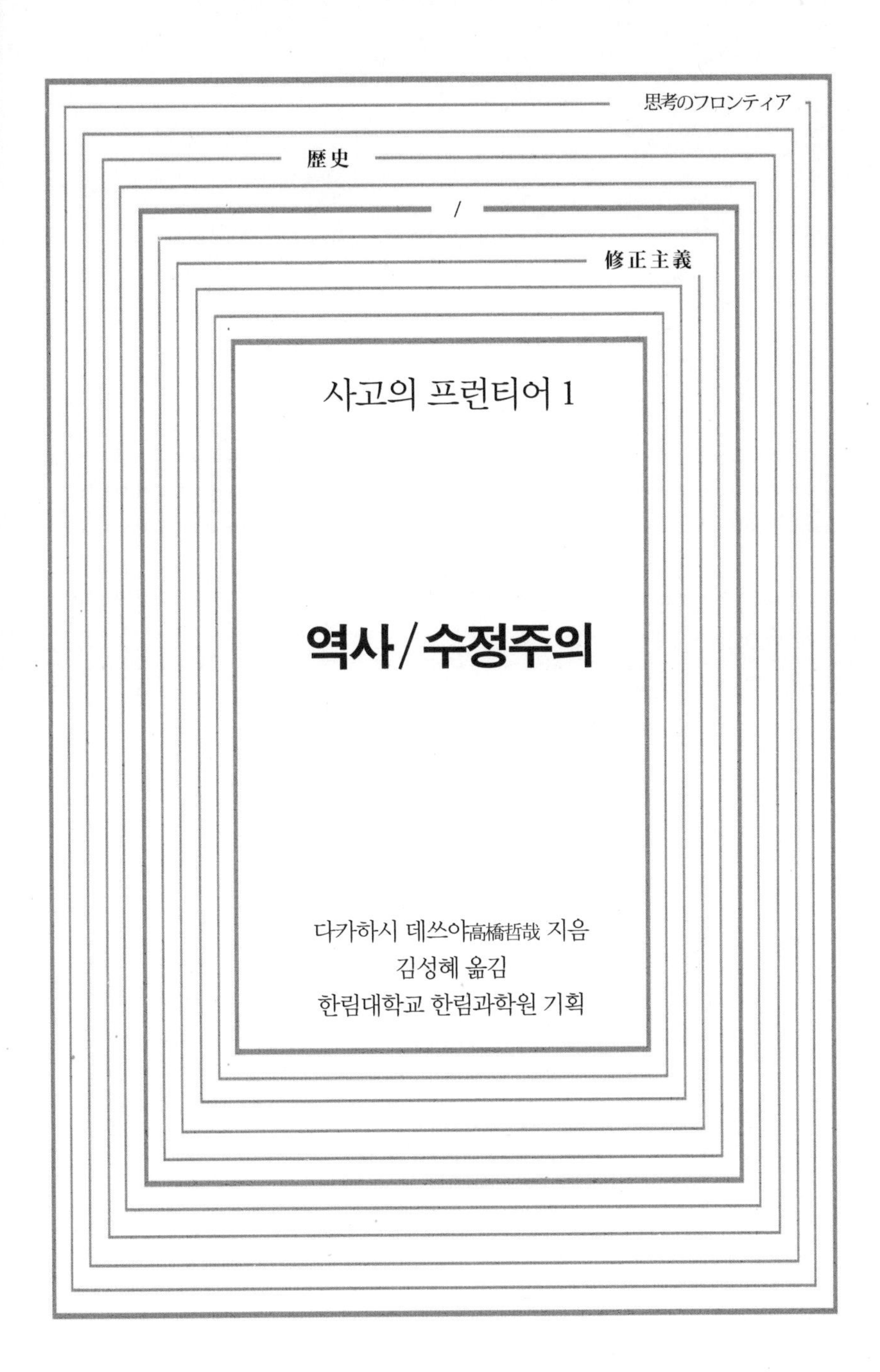

사고의 프런티어 1

역사/수정주의

다카하시 데쓰야高橋哲哉 지음
김성혜 옮김
한림대학교 한림과학원 기획

푸른역사

일러두기

1. 이 책은 이와나미쇼텐岩波書店 출판사의 〈사고의 프런티어思考のフロンティア〉 시리즈 중 다카하시 데쓰야高橋哲哉가 쓴 《역사/수정주의歴史/修正主義》(岩波書店, 2001)를 옮긴 것이다.
2. 미주는 글쓴이, 각주는 옮긴이의 것이다. 각주로 처리된 옮긴이주의 경우 주석 앞에 [옮긴이주] 표기를 했다.
3. 이 책은 2007년 정부(교육과학기술부)의 재원으로 한국연구재단의 지원을 받아 간행되었다(KRF-2007-361-AM0001).
4. 한림과학원은 본 시리즈를 통해 개념소통 관련 주요 저서를 번역 소개하고자 한다.

들어가며

이야기가 된 역사history는 언제나 재고 혹은 수정revision의 가능성이 열려 있다. 재고나 수정을 거부하는 역사는 이데올로기적으로 절대화된 역사다. 때문에 예전에는 수정주의revisionism라는 단어가 반드시 나쁜 의미는 아니었다. 그런데 최근에 '역사수정주의' 라는 단어는 대부분 부정적인 의미로 사용되고 비판의 대상이 되어야 했다. 그 주요한 원인은 '홀로코스트(나치 독일에 의한 유대인 대량 학살) 등 날조된', '나치 가스실은 없었다' 등을 주장하는 홀로코스트 부정론자들이 스스로 역사수정주의자revisionist라고 칭하며 활동했기 때문이다. 그리고 이러한 연상 작용으로 인해 1990년대 후반 일본에서 '자학사관' 비판을 내걸고 등장해 '일본군(위안부) 문제는 국내외 반일세력의 음모', '난징대학살은 없었다' 라고 부르짖는 세력 역시 '일본판 역사수정주의' 라고 불리게 되었다.

이 책의 타이틀은 《역사/수정주의》이며, 《역사수정주의》가 아니다. 따라서 독일어판이든 일본어판이든 그 밖의 어떤 판이든 간에 '역사수정주의' 주장이나 활동을 주제로 논하려는 것이 아니다. 필자도 다른 곳에서는 그러한 작업을 한 적이 있지만, 어느 쪽이든 그다지 '생산적인' 작업이라고 할 수 없다. 오히려 필자는 이 책에서 최신 '일본판 역사수정주의'에 비판적인 태도를 취하는 쪽의 논의에 중점을 두고 논해보고자 한다.

이 책은 제목에 의거해 말하면 '수정주의'를 의식하면서 '역사'를 논하려는 시도다. 아니, '역사'라고 말하는 것은 너무나 망막하다. 언제든 역사수정주의가 대두할 기회를 엿보고 있는 지금의 상황, 즉 침략전쟁과 식민지 지배의 기억과 증언이 존중되지 않고, 반대로 부단히 '망각의 정치'에 노출되어 있는 현대 일본 사회의 상황을 강하게 의식하면서 역사와 '책임', 역사와 '이야기', 역사와 '판단'이라는 세 가지 토포스topos를 둘러싸고 논의를 전개하려는 것이다. 유감스럽지만 나는 독자들에게 그다지 많은 것을 약속할 수는 없다. 전쟁책임/전후책임, 식민지 지배 책임을 둘러싸고 현대 일본에서 펼쳐지고 있는 논쟁의 한복판으로 함께 들어가보자는 데 지나지 않는다. 독자들에게도 나 자신에게도 '이미 벌어진 일'로부터 벗어나지 않고 역사를 생각하기 위한 작은 교훈이라도 되기를 기대하면서 말이다.

Contents

01

역사와 책임

'이제 죄인의 자식 취급 따위는 사양하겠다'

전쟁, 학살, 식민지 지배 등 20세기 역사를 둘러싼 논쟁의 현재 상황에서 가장 초점이 되는 것은 이들 사건에 대해 누가 어떤 책임을 질 것인가, 또는 지지 않아도 되는가 하는 문제다.

논지의 출발점으로서 가장 극단적으로 책임을 부인하는 주장 중 하나인 홀로코스트 부정론holocaust denial을 예로 들어보자. 2차 세계대전 중 나치 독일은 '가스실' 등을 사용해 유대인 대학살을 자행했다. 오늘날 '홀로코스트'(또는 '쇼아'*)라고 불리는 이것은 많은 증거와 증언을 바탕으로 틀림없는 역사적 사실로 확인되었고, 현재까지 그 해명이 진행되고 있다. 그런데 홀로코스트 부정

* [옮긴이주] 쇼아(히브리어로 '절멸'을 의미)란 2차 세계대전 당시 독일 나치가 유럽 전역에 있는 유대인을 비롯한 특정 부류의 사람들을 집단 학살한 것을 지칭한다.

론자들은 스스로를 '역사수정주의자'라 칭하고 홀로코스트를 '연합군'이나 '유대인'에 의한 '날조'라 주장하며 국제적인 선전활동을 벌이고 있다.

덴마크 방송국DR(Danmarks Radio)이 1992년에 제작한 다큐멘터리 〈유대인학살을 부정하는 사람들—나치즘 옹호파의 대두〉에서는 이러한 부류의 사람들이 직접 나와서 말하고 있다. 대표적인 부정론자의 한 사람인 에른스트 춘델*의 이야기다.

> 독일 민족은 죄인이 아닙니다. 이제 진실이 밝혀져 우리들은 해방될 것입니다.……
>
> 과거에는 대학살이 사실이라고 생각했습니다. 그렇지만 이제는 믿지 않습니다. 과학적으로 있을 수 없는 일이기 때문입니다. 우리 독일인은 정치적인 이유로 그렇게 믿도록 강요당하며 적당히 이용당해왔습

* [옮긴이주] 에른스트 춘델은 독일인이면서도 오랜 기간 캐나다에 살면서 자신이 만든 '수정주의자'라는 웹사이트에 홀로코스트를 부인하는 '게르마니아 룬트브리프'를 게재했다. 《우리가 사랑한 히틀러》, 《정말 600만 명이 죽었나》 등의 저서에서 홀로코스트 역사를 부인하는 등 극우적인 선전활동을 펴온 춘델은 2005년 3월 캐나다의 범죄인 인도에 따라 독일에서 재판에 회부됐다. 그는 '나치의 6백만 유대인들에 대한 학살을 부인한 것은 물론 특정 민족을 모욕했다'는 죄목을 받았다. 2007년, 독일 검찰은 26일 독일 나치 정권에 의한 홀로코스트를 부인한 그에게 징역 5년을 구형했다. 한편, 독일 헌법재판소는 2000년 12월 홀로코스트를 부인하는 내용을 인터넷을 통해 유포시킨 호주 역사가 프레드릭 퇴벤을 독일 내에서 처벌하는 것이 가능하다고 판결했고, 오스트리아 법원은 2006년 홀로코스트를 부인한 혐의로 기소된 영국 역사학자 데이비드 어빙에 대해 3년 징역형을 선고했다. 이처럼 독일과 오스트리아 등 11개국은 홀로코스트를 부인하는 것을 범죄행위로 처벌하고 있다.

니다. 지금이야말로 모든 독일인이 총명한 지성으로 그것을 깨달아야 합니다. 그리고 범죄자 의식이라는 중압으로부터 스스로를 해방시켜야 합니다.……

죄인의 자손 취급 따위는 이제 사양하겠습니다. 무고하다는 확증을 얻었습니다.……

그 전쟁에서는 독일인도 고난을 강요당했으며 수많은 동포를 잃었습니다. 참을 수 없는 것은 전후에 독일인만이 덜미를 붙잡혔다는 것입니다. 죄를 뒤집어쓴 현상으로부터 벗어나지 않으면 안 됩니다. 우리들에게 자유를 가져오는 것은 진실입니다. 적절한 노동이 사람을 해방시키듯이 진실도 사람을 해방시킵니다.

'노동이 사람을 해방시키듯이!Arbeit macht frei!' 는 나치강제수용소 입구에 걸려있던 표어였다. 다음은 유창한 독일어를 구사하는 영국 작가 데이비드 어빙의 이야기다.

독일인은 진실, 권리, 공정함을 모두 박탈당했습니다. 50년 가까이 손해를 봐온 것입니다. 독일의 역사학자는 모두 겁쟁이입니다. 사람을 바보 취급하고 있습니다. 진정한 역사를 기술하기 위해 나는 국제적인 캠페인을 벌여왔습니다. 2년 후의 독일에 대해 나는 이렇게 예언합니다. '독일인이 역사의 허위를 깨닫고 근거 없는 죄악감으로부터 해방될 것이다' 라고 말입니다.……

우리들의 주장은 확실하게 대중의 마음을 사로잡고 있습니다. 이후 수

년간은 폭력으로 가득 찬 극적인 전개가 될 것입니다.

'독일인' 은 '무고' 했다. 그 전쟁에서 독일인은 '고난을 당요당하며 수많은 동포를 잃기도' 했다. 그런데 전후 '정치적인 이유' 때문에 '독일인만' 이 '범죄자' 취급을 당하고 '근거 없는 죄악감' 이 심어져 '죄인의 자손 취급' 을 당하며 '50년 가까이 손해를 봐' 왔다. '대학살' 은 '과학적으로 있을 수 없는 일' 이고, '역사의 허위' 이며, 우리들의 주장이야말로 '진정한 역사' 임을 알 때 '독일인' 은 해방될 것이다 운운.

카메라에는 그들의 주장이 '대중의 마음을 사로잡는' 장면도 비춰져 있다. 어빙의 연설을 들은 젊은 남성의 발언이다.

그가 옳을지도 ……. 가스실이요? 존재했을지 어떨지 의심스러운 생각도 듭니다. …… 그의 이야기가 정말이라면 독일인은 지금까지보다도 자신을 가질 수 있습니다.

중년 남성의 발언이다.

공정한 인물이 말하고 미국 학자가 보증하고 있습니다. 나는 믿습니다. …… 독일 국민 전체의 명예 회복을 말입니다.

대대손손 … 죄인처럼

〈유대인 학살을 부정하는 사람들〉의 이러한 발언을 듣고 있으면 억누를 수 없는 어떤 인상 하나가 끓어오른다. 이것은 어딘가에서 들어본 적이 있는 논의가 아닌가? 시험 삼아 앞의 춘델과 어빙 발언의 '독일인' 부분을 '일본인'으로 바꿔 읽어보자. 뉘앙스의 차이는 있지만 분명히 전형적인 일본판 '역사수정주의자'의 논의가 드러난다.

'일본인'은 '무고'했다. 그 전쟁에서 일본인은 '고난을 강요당하며 수많은 동포를 잃기'도 했다. 그런데 전후 '정치적인 이유' 때문에 '일본인만'이 '범죄자' 취급을 당하고 '근거 없는 죄악감'이 심어져 '죄인의 자손 취급'을 당하며 '50년 가까이 손해를 봐' 왔다. '난징대학살'은 '실증적으로 있을 수 없는 일'이고 '역사의 허위'이며, 우리들의 주장이야말로 '진정한 역사'임을 알 때 '일본인'은 해방될 것이다 운운.

1990년대 후반 대두된 일본판 '역사수정주의'의 언설에서도 이러한 논조를 분명히 읽을 수 있다. 중심 조직 중 하나인 〈새로운 역사 교과서를 만드는 모임〉은 공적 문서로 다음과 같이 말하고 있다.

> (일본의) 전후 역사교육은 일본인이 이어받아야 할 문화와 전통을 잊고 일본인의 긍지를 잃게 만들었습니다. 특히 근현대사에서 일본인은 대

대손손 계속 사죄하도록 운명 지어진 죄인처럼 취급당하고 있습니다. 냉전 종결 후에는 이 자학적 경향이 더욱 강해져 현행 역사교과서는 과거 적국의 프로파간다propaganda를 그대로 사실인 양 기술하기도 합니다. 세계에 이러한 역사교육을 행하는 나라는 없습니다.[1]

우리들은 지금 전후 50년간의 발상을 고쳐 '역사란 무엇인가?' 라는 본의로 되돌아가 어떤 민족도 예외 없이 가지고 있는 자국의 정사正史를 회복하고자 노력할 필요성을 각계에 강력하게 호소하고 싶다. 우리들은 일본의 다음 세대에게 자신을 가지고 전할 수 있는 양식 있는 역사교과서를 작성해 제공하는 일을 목표로 한다.[2]

'독일인' 이 '50년 가까이' 나 '죄인의 자손 취급' 을 당해왔다고 하면, '일본인' 도 '전후 50년간' '대대손손 계속 사죄하도록 운명 지어진 죄인과 같은' 취급을 당해왔다. 이것은 '과거 적국의 프로파간다' 에 따른 결과지만, '독일의 역사가' 가 모두 '겁쟁이' 인 것처럼 일본의 '역사교육' 은 '자학적 경향' 에 지배되었다. 게다가 이러한 사람들은 한편으로는 세계에서 '독일인만' 이 덜미를 붙잡혔다고 믿고, 다른 한편으로는 세계에서 '일본인만' 이 언제까지나 '죄' 를 용서받지 못한다고 믿고 있는 점에서도 매우 닮았다.

일본판 '역사수정주의자' 의 주장이 '대중의 마음을 사로잡을' 때, 사람들은 이렇게 말할지도 모른다. '그들이 옳을지도 ……. 난징대학살이요? 존재했을지 어떨지 의심스러운 생각이 듭니다.

…… 그들의 이야기가 정말이라면 일본인은 지금까지보다도 자신을 가질 수 있습니다.' '나는 믿습니다. 일본 국민 전체의 명예 회복을 말입니다.'

'독일인'이 그런 것처럼 '일본인'도 '긍지'를 되찾아 '자국의 정사正史'를 회복해야 한다는 것이다.

'본질주의적' 민족관의 함정

이상의 내용에서 지적할 수 있는 점은 '역사수정주의적' 언설의 근저에 다음과 같은 '논리'가 작용하고 있다는 사실이다.

홀로코스트 부정론자의 경우—만약 실제로 나치 독일이 범죄를 저질렀다고 하면 독일인(독일 민족, 독일 국민)은 '죄인'이고, '대대손손' 죄인 취급을 당하지 않을 수 없다. 그렇게 되지 않기 위해서는 나치 독일은 범죄를 저지르지 않은 것이 되어야 한다.

일본판 '역사수정주의자'의 경우—만약 실제로 '대일본제국'이 범죄를 저질렀다고 하면 일본인(일본 민족, 일본 국민)은 '죄인'이고 '대대손손' 죄인 취급을 당할 수밖에 없다. 그렇게 되지 않기 위해서는 '대일본제국'은 범죄를 저지르지 않은 것이 되어야 한다.

이 '논리'가 기묘한 까닭은 여기에 어떤 국가, 어떤 민족이 언젠가 범죄적 행위—침략, 제노사이드(집단 학살), 식민지 지배 등—를 자행했다면 그 국가나 민족 구성원은 '대대손손' 죄인이 된다는 전제가 있기 때문이다. 마치 죄가 국민이나 민족 단위로 계속 유전되기라도 하는 것처럼 자신이 속한 국민이나 민족이 한 세대, 두 세대 전에 행한 범죄 때문에 자신이 죄인이 될 뿐만 아니라, 후세대 국민이나 민족도 '대대손손' 계속해서 죄인이다.— 국민이나 민족을 그 정도로 견고한 동일성 · 연속성을 가졌다고 생각하는 이러한 국민관·민족관은 전형적인 '본질주의적'(또는 '실체론적') 국민관·민족관이라고 할 수 있다.

개인의 경우를 생각해보자. 부모님이나 조부모가 한때 범죄를 저질렀다고 해서 '그 때문에' 자식이나 손자까지 범죄자라고 할 수는 없다. 이러한 이유로 자식이나 손자를 범죄자로 취급하는 것은 분명 부당하다. 가령 부모나 조부모가 범죄를 저질렀다는 이유로 자식이나 손자가 범죄자 취급을 당한다면 자식이나 손자가 해야 할 일은 그렇게 **취급하는 것이** 부당하고 근거가 없음을 호소하는 것이지, 부모나 조부모가 범죄를 저질렀다는 사실이나 그 죄를 부인하는 것이 아니다. 국민이나 민족 등 집단의 경우도 사정이 다소 복잡해지기는 하겠지만 기본적으로는 같을 것이다.

'대일본제국'의 침략전쟁의 책임은 '누구'에게 있는 것일까? 국가권력을 행사한 전쟁지도자들을 비롯해 전쟁범죄를 명하거나 실행한 장병들, 그 밖에 장병들, 전쟁 선전을 행한 저널리스트, 지식인, 문화인, 전쟁에 협력한 그 밖의 민중.— 경중의 구별은 있어도 이들 모든 사람들이 침략전쟁에 직접적인 책임이 있다고 생각할 수 있다. 특히 이들 가운데 법적으로 처벌을 받을 만한 '죄'를 지었다고 말할 수 있는 사람들은 국가권력을 행사한 전쟁지도자와 전쟁범죄를 명하거나 실행한 장병들이다(연합국은 전자를 A급 전쟁범죄인, 후자를 B·C급 전쟁범죄인으로 법적 재판에 회부했다).

'본질주의적'(또는 '실체론적') 국민관·민족관에 선다면, 이 사람들의 직접적인 책임—경우에 따라 '죄'—이 그 자식과 손자 세대까지, 나아가서는 '대대손손' 자동적으로 이어지기 쉽다. 그러나 같은 '일본인'이라는 이유로 전쟁범죄를 저지른 적도 없는 사람이 자신이 태어나기 전 다른 '일본인'이 범한 전쟁범죄의 '죄'를 뒤집어쓴다면 이는 분명 불합리할 것이다. 전후에 태어난 일본인은 부모나 조부모 세대의 일본인들이 행한 침략전쟁의 '범죄자'가 아니며 그럴 수도 없다.

단, 주의해야 할 점이 있다. 전쟁이나 식민지 지배처럼 국가와 민족이 다른 국가와 민족에게 피해를 준 경우, 피해를 입은 국민과 민족 구성원이 가해자 측 국민이나 민족 구성원 일반에 대해 피해자 의식을 품을 수 있다는 사실이다. 예를 들어 난징사건이나 일본군 성노예제의 생존자가 자식과 손자 세대를 포함한 '일본인' 일반에 대해 피해자 감정을 갖는 것은 결코 부자연스러운 일이 아니며, 경우에 따라 그것은 '일본인' 전체를 '범죄자'로 보는 데까지 나아갈 수도 있다. 그렇지만 이러한 경우에도 직접 죄가 없는 일본인이 해야 할 일은 자신의 범죄가 아니라는 것을 이해시키는 것이지, 범죄를 저지른 일본인의 죄를 부인하는 것이 아니다.

책임을 인정하는 쪽에도 같은 함정이……

'본질주의적'('실체론적') 국민관·민족관의 함정은 '역사수정주의자'들과는 반대로 전쟁책임을 인정하려는 입장의 사람들에게도 기다리고 있다.

예를 들어 이에나가 사부로家永三郎*는 역작 《전쟁책임》(1985)에서 '전후에 태어난 일본인'이라도 '양식 있는 일본인'이라면 일본의 침략으로 인해 피해를 입은 사람들이나 그 유족을 만났을 때, 관계가 없는 척할 수 없다면서 다음과 같이 언급했다.

> 그렇다면 왜 자신이 태어나기 전의, 자신은 관여하지 않고 책임을 질 까닭도 없다고 생각하는 행위에 대해 수치심을 느끼고 그에 어울리는 응대를 하지 않으면 안 되는 것일까.
>
> 그것은 세대가 다르다고 해도 같은 일본인으로서의 연속성 위에서 살고 있는 이상, 자신보다 앞선 세대 동포의 행위로부터 생긴 책임이 자동적으로 상속되기 때문이다. 완전한 전후세대 일본인이라도 그 육체

* [옮긴이주] 이에나가 사부로家永三郎(1913~2002)는 일본의 역사학자이며 역사교과서 논란으로 유명하다. 나고야에서 태어나 1937년 도쿄대학교를 졸업했고, 졸업 후 1949년부터 1977년까지 도쿄교육대 교수로, 1977년부터 1984년까지 주오中央대학 교수로 재직했다. 1953년 일본 문부성은 이에나가가 쓴 교과서를 출간했지만, 견해 차이가 있고 사실적 오류도 있다는 이유로 검열을 받게 되었다. 그는 이에 대해 의견을 자유롭게 말할 권리를 위반하는 것이라며, 문부성에 여러 차례의 법정 소송을 냈다. 1999년과 2001년에 노암 촘스키에 의해 노벨 평화상에 후보로 올랐다.

가 전전戰前(전쟁 전)·전중戰中(전쟁 중)세대 일본인의 자손으로 태어났을 뿐만 아니라, 출생 후의 육체적·정신적 성장도 전전戰前세대가 형성한 사회의 물질적·문화적 여러 조건 속에서 이루어졌다. 다시 말하면 완전한 전후세대의 심신은 전전戰前세대의 생리적·사회적 유산을 상속하지 않고서는 형성될 수 없다는 것이다. …… 개인의 유산 상속에서는 상속을 포기함에 따라 부채 반환 의무로부터 벗어날 수도 있지만, 일본인으로서의 자기 형성 문제에서는 전전戰前세대로부터의 육체적·사회적인 여러 유산에 대한 상속 포기가 불가능하기 때문에 전쟁책임에 대해서만 상속을 포기하는 일도 불가능하다.[3]

먼저, '완전한 전후세대인 일본인'의 '육체'가 '전쟁 전·전쟁 중 세대 일본인의 자손으로 태어났다'는 전제는 분명 '혈통주의적'이고, 그러한 의미에서 '본질주의적'('실체론적') '일본인' 관에 서 있다. 여기에서 이에나가는 일단 '국가', '국민'과 '민족'을 구별하면서도 양자의 구별을 애매하게 둔 채, '일본인'의 '육체'가 '일본인'으로부터 태어났다는 전제에 서 있는 것이다(이에나가는 일본국헌법의 '국적이탈의 자유'를 언급하며 '그렇게 해서 일본인으로 태어났으면서도 더 이상 일본인이 아니라 다른 민족의 일원으로 변신한 사람들에 대해서는 일본의 전쟁책임을 묻는 일이 합당하지 않다'고 했는데,[4] 여기에도 '국민'과 '민족' 구별의 애매함이 드러난다).

확실히 전후 일본의 국적법이 일관되게 '혈통주의적'이고, 현재도 '일본 국민'의 주된 요건으로 '출생 시'에 '부 또는 모'가 '일본 국민' 인 점을 들고 있는 한, 이 전제가 대부분의 경우에 타당하다는 것을 부정할 수는 없다. 그러나 결코 적지 않은 '귀화' 로 인한 일본 국적 취득자에게는 이 전제가 타당하지 않다. 또한 '혈통주의적' 국민관이 뿌리 깊은 자민족 중심주의ethno-centrism, 배타적인 '단일민족국가' 신화 등과 결부되어 있는 이상, 전쟁책임론은 이러한 국민관을 이론적·실천적으로 극복하는 방향으로 전개되어야 할 것이다.

두 번째, 가령 그 '육체' 가 '전전·전중세대 일본인' 에게서 태어난 전후세대 일본인으로 한정된다고 해도 전전·전중세대가 행한 침략이나 전쟁범죄의 직접적인 책임—'죄'—이 '자동적으로 상속된다' 는 생각에는 무리가 있다. 적어도 이 점에서 '자신보다 앞선 세대 동포의 행위로부터 생긴 책임이 자동적으로 상속된다' 는 이에나가의 말은 애매하다. 전후세대 '일본인' 은 전전·전중세대 '일본인' 이 침략이나 전쟁범죄 '행위' 를 했기 때문에 짊어지게 된 '죄' 자체를 '자동적으로' 이어받을 수는 없다. '죄' 를 짊어지는 것은 어디까지나 그 '행위' 를 행한 당사자—전쟁지도자나 전쟁범죄 책임자, 실행자 등—일 수밖에 없다. 전쟁 선전이나 전쟁협력이라는 '행위' 의 책임도 그것을 행한 사람들이 져야 하는 것이지 전후세대가 그것을 '자동적으로' 계승할 수는 없다.

한편, '자신보다 앞선 세대 동포의 행위**로부터 생긴** 책임' 이라는 표현은 '전후책임' 이라는 의미로도 이해할 수 있다. 대일본제국이 국가행위로 자행한 침략전쟁과 그 속에서 이루어진 전쟁범죄에 대해서는 대일본제국의 법적·정치적 계승자인 전후 일본 국가에게 배상·보상, 공식 사죄, 책임자 처벌이라는 일련의 전후 처리 완수가 '전후책임'으로 부가된다. 이 전후 처리를 실제로 행하는 것은 전후 일본 정부지만, 정부는 이를 국민의 법적·정치적 대표자로서 행하는 것이기 때문에 정부가 이를 실행하는지 실행하지 않는지는 최종적으로 일본 국가의 정치적 주권자인 일본 국민의 책임으로 귀착된다. 일본 국가가 '전후책임'을 진다는 것은 국가 주권자인 일본 국민이 '전후책임'을 지는 것과 다를 바 없다. 이러한 의미라면, 전후세대 일본 국민도 '자신보다 앞선 세대 동포의 행위**로부터 생긴** 책임', 즉 '전후책임'을 거의 '자동적으로' 지게 된다고 말할 수도 있다. 주권자로서 일본 국가의 '전후책임'에 대한 완수에 정치적 책임이 있다는 점에서는 일본 국민인 이상 그 '육체'가 '일본인'에게서 태어났는지 아닌지와 관계가 없다. 여기에서 전제가 되는 것은 법적·정치적으로 정의된 '일본인'('일본 국민')이지, '혈통'이든 뭐든 어떤 '본질'이나 '실체'에 의해 상정된 '일본인'이 아니다. '같은 일본인으로서의 연속성'이라고 말할 수 있다 해도 그것은 '혈통' 등에 따른 본질적·실체적 '연속성'이 아니라, 어디까지나 법적·정치적인 '연속성'(불연속을 포함하는 '연속성')인 것이다.

‘전후책임’ 의 완수는 긍정적인 행위

침략이나 전쟁범죄의 ‘죄’ 를 짊어지는 사람이 ‘역사수정주의자’ 가 되는 것은 자신의 ‘죄’ 로부터 도망치고 싶기 때문일 것이다. 그렇지만 침략이나 전쟁범죄에 참가한 적도 없는 전후세대 사람이 ‘역사수정주의자’ 가 될 때, 그들은 ‘본질주의적’ (‘실체론적’) 국민관·민족관에 선 나머지, 직접적인 전쟁책임 또는 ‘죄’ 와 ‘전후책임’ 을 혼동하고 있는 경우가 많다. 그들은 ‘독일인’ 이나 ‘일본인’ 의 동일성 혹은 연속성을 너무나 강하게 인식한 탓에 직접적인 책임이나 ‘죄’ 를 진 이전 세대와 적절하게 거리를 둘 수 없고, 이전 세대의 ‘죄’ 와 자신의 ‘전후책임’ 을 구별하지 못한다. 독일 ‘제3제국’ 과 대일본제국으로부터 거리를 둘 수 없고 자신을 이들 국가와 너무나 강하게 ‘동일시’ 하고 있기 때문에 이들 국가의 범죄가 곧바로 자신의 범죄이며, ‘대대손손’ 에 걸친 ‘독일인’ 과 ‘일본인’ 의 범죄라고 생각해버린다. 이러한 전제에 서는 한, 자신이 무죄라고 말하기 위해서는 ‘제3제국’ 이나 대일본제국이 무죄였다고 하지 않으면 안 되게 된다.

이들이 모르는 점은 자신이 소속된 국가가 예전에 저지른 잘못을 비판하고 국가에게 ‘전후책임’ 을 지게 함으로써 스스로의 ‘전후책임’ 을 완수하는 일이 이전 국가의 과오와 자신과의 연속성을 끊는 길이라는 사실이다. 국가에게 ‘전후책임’ 을 지게 하는 일은 침략이나 전쟁책임을 행한 국가에게 그 잘못을 인정하게 만들며,

과거 행위를 옳다고 하는 국가로부터 그르다고 하는 국가로, 국가 자체의 성격을 바꾸는 일이다. 과거 행위를 옳다고 하는 '독일인'과 '일본인'에서 그것을 그르다고 하는 '독일인'과 '일본인'으로, '독일인'과 '일본인'의 내실을 바꾸는 일이다. 이러한 '독일인'과 '일본인'의 내실 변혁은 '독일인'과 '일본인'의 법적·정치적 정의를 바꾸는 일, 예를 들어 '혈통주의'를 버리고 '출생지주의'를 채용해 보다 열린 '국민'의 형성으로 이어지는 것이 바람직하다. 어느 쪽이든 '전후책임'을 다해 '독일인'과 '일본인'의 내실을 바꾸는 일은 '독일인'과 타자(유대인, 폴란드인, 프랑스인……)와의 관계, '일본인'과 타자(한국·조선인, 중국인, 필리핀인……)와의 관계를 바꾸는 일로 이어진다. 왜냐하면 '독일인'과 '일본인'이 예전의 침략과 전쟁범죄를 잘못이라고 인정하고, 그것을 반복하지 않겠다고 약속함으로써 과거의 행위들로 인해 잃어버린 타자로부터의 신뢰를 회복할 수 있기 때문이다.

'역사수정주의자'의 오해와 달리 자신이 소속된 국가의 전쟁책임을 인정하는 일은 '대대손손' '죄인의 자손' 취급을 감수하는 것이 아니라, 정반대로 자신과 과거 국가 사이의 연속성을 끊음으로써 타자의 신뢰를 회복해가는 긍정적이며 적극적인 행위인 것이다.

'국민으로서의 책임' 의 동일성과 차이

전후세대인 일본 국민은 침략전쟁에 참가하지 않았기 때문에 직접적인 전쟁책임이 있거나 '죄' 를 지지는 않지만, 전후 일본 국가에게 '전후책임' 을 완수하게 만들 정치적 책임—'전후책임' 으로서—이 있다. 국가의 정치적 주권자로서의 이 책임은 법적으로 '국민' 인 모든 사람이 원칙상 평등하게 진다. 법적으로 '국민' 인 한, 이 책임으로부터 도망칠 수는 없다. 주관적으로 부인할 수는 있어도 '객관적' 으로 벗어날 수는 없다. '나는 굳이 좋아서 일본인으로 태어난 것이 아니다', '나는 일본인이라는 아이덴티티를 느끼지 않는다, 코스모폴리탄(세계시민)으로 살고 싶다', '나는 정치에 관심이 없다' 는 것은 그 사람이 법적으로 일본 국민이라는 사실을 조금도 바꿀 수 없기 때문에 이 책임을 면할 이유가 되지 않는다.

재일조선 민족 작가인 서경식*은 일본 국민이면서 갖가지 구실을 대며 이러한 책임을 부인하려는 사람들을 다음과 같이 비판한

* [옮긴이주] 서경식徐京植(1951~)은 재일조선인 저술가이자 작가다. 교토 시에서 태어났으며, 리쓰메이칸대학 교수인 서승과 인권운동가인 서준식의 동생이다. 와세다대학 재학 중이던 1971년, 대한민국에서 공부하던 두 형이 서울에서 국가보안법 위반 혐의로 구속되었다. 당시 서승은 서울대학교 사회학과 석사과정에, 서준식은 같은 학교 법학과에 다니고 있었다. 인권과 소수 민족을 주제로 한 강연 활동을 많이 펼쳐왔으며, 다방면에 걸쳐 작가로 활동했다. 그 근원은 2명의 형을 구출한 활동 경험과 함께 재일조선인으로서의 정체성에 있다고 알려져 있다. 2000년에 도쿄경제대학 부교수가 되었으며, 현재 도쿄경제대학 현대법학부 교수다.

적이 있다.

> 일본 국민 여러분, 여러분은 부디, 나는 우연히 일본에 태어났을 뿐이며 '일본인' 일 계획이 없었다, 나는 '재일일본인' 에 불과하다는 등의 가벼운 말을 하지 않기 바란다. 당신네들이 오랫동안 식민지 지배로 인해 초래된 기득권과 일상생활에서 '국민' 으로서의 특권을 포기하고 지금 당장 여권을 찢으며 자발적으로 난민이 될 기개를 드러낼 때만 비로소 그 말이 진지하게 받아들여질 것이다. 그렇지 않는 한, '타자' 는 당신네들을 계속 '일본인' 으로 지칭할 것이다.[5]

실제로 일본 국민을 그만두고 싶다면 그만둘 수는 있다. 일본국 헌법은 제22조 제2항에서 국적 이탈의 자유를 보장하고 있다('누구든 외국으로 이주하거나 국적을 이탈할 자유를 침해당하지 않는다'). 그러나 일본 국민을 그만둔다 한들 무국적 난민이 되지 않는 한, 어차피 다른 국가(정치적 공동체)의 국민(구성원)이 될 수밖에 없다. 그 경우, 한국인이 되면 한국의, 이집트인이 되면 이집트의, 프랑스인이 되면 프랑스 국민으로서의 정치적 책임을 불가피하게 지게 될 것이다. 한나 아렌트*가 지적하듯이 정치적으로 '완전하게

* [옮긴이주] 한나 아렌트Hannah Arendt(1906~1975)는 독일 출신의 정치이론가다. 종종 철학자로 평가되지만, 아렌트 자신은 항상 철학은 "단독자인 인간"에 관심을 갖는다는 이유로 그러한 호칭을 거절했다. 아렌트의 업적은 권력power의 속성과, 정치, 권위authority, 그리고 전체주의와 같은 주제들에 관한 것이다. 그의 업적의 상당 부분은 집단적 정치행동과 같은 의미로서의 자유의 개념을 긍정하는 데 초점을 두고 있다. 《뉴요커》에 낸 아이히만 공판

책임이 없다'고 말할 수 있는 것은 '망명자나 국가 없는 사람들' 뿐이다.[6]

일본 국민으로서 정치적 책임의 크기는 모든 국민 사이에 원칙적으로—형식적으로는—동일하다. 그것은 일본 국민으로서의 정치적 권리가 모든 국민 사이에서 원칙적으로—형식적으로는— 평등하다는 것과 비슷하다. 그렇다고 해도 국민 각자는 '전후책임'에 몇 가지 요소가 첨부됨에 따라 실질적으로 여러 다른 강도, 다른 질의 '전후책임'을 지게 된다.

첫째, 법적으로 같은 '일본 국민'이라도 행정·입법·사법 등 국가권력 행사에 종사하는 사람들과 그 이외의 국민, 또한 후자 중에서도 정부 방침이나 여론 형성에 많든 적든 영향을 미칠 수 있는 저널리스트, '지식인'이라는 사람들과 그렇지 않은 사람들 사이에는 자연히 정치적 책임의 크기에 차이가 있을 것이다. 가장 큰 책임을 갖는 것은 정부를 구성하는 사람들이지만, 일본 국가가 지는 '전후책임'을 정부가 다하지 않을 때, 그 정부를 비판하고 정책 변경을 요구하거나 다른 정부를 만들거나 할 책임은 '국민'에게 돌아간다. 때문에 정부가 책임을 다하지 않을 때, '국민'으로서 그것을 용인하는가 하지 않는가라는 냉엄한 질문이 '타자'로부터 나오는 것이다.

둘째, 기업, 대학, 종교단체 등의 조직이 고유한 전쟁책임을 갖

관련 보고서(나중에 《예루살렘의 아이히만》이라는 책으로 발전)에서 그는 악이 근본적인 것인지 아니면 단순히 진부함banality의 작용인지에 대한 질문을 던졌다.

는 경우, 조직에 속한 개인에게도 그에 따른 일정한 책임이 부가되는 것을 피할 수 없다. 예를 들어 조선인·중국인의 강제연행과 강제노동 사건에 관여한 기업에 대해 보상, 사죄, 진상규명 등 기업책임을 묻게 되는데, 이 경우 기업의 수장을 필두로 해당 기업 관계자들은 각각의 지위에 따라 응분의 '전후책임'을 갖게 된다.

셋째, 같은 '일본 국민'이라도 '민족성'의 차이를 강조하면, '대일본제국'의 전쟁, 특히 식민지주의와의 관계가 달라진다. 일본은 결코 '단일민족국가'가 아니며, 압도적 다수를 차지하는 '일본 민족' 계통 사람들, 과거 '대일본제국'의 '동화' 정책 대상이 된 여러 민족 출신자, 그 밖의 사람들이 '일본 국민'을 구성하고 있다. 법적 규정인 '국민'과 달리, '민족성'의 구별은 항상 '객관적'으로 확정할 수 있는 것이 아닌데, 예를 들어 소위 '일본 민족'계 사람들이 식민지 지배와 전후 차별로 인해 부득이하게 일본에 '귀화'한 조선 민족계 사람들에 비해 보다 큰 '전후책임'을 지고 있음은 부정할 수 없을 것이다. 이 점과 관련해 서경식은 이렇게 말한다.

'일본인'의 국민적 책임을 문제시할 때, 자주 제기되는 의심과 반론은 "'일본인'은 균일하게 동질의 실체를 갖는 집합적 주체가 아니다, '일본인' 중에는 아이누 등 북방민족, 오키나와 사람들, 귀화해 국적을 취득한 조선인 등도 포함되어 있다"는 점이다. 이것은 이 범위 내에서는 지극히 당연한 지적이다. 하지만 이러한 사람들(임시로 '주변부 일본 국민'이라고 불러둔다)이 존재한다고 해서 '일본인으로서의 책임'이라는 범주 자체가 씻은 듯이 사라져버리는 일 따위는 있을 수 없다. 하물며 '주변부 일본 국민'의 존재를 이용해서 '중심부 일본 국민'(일본 국민 중 압도적 다수파를 차지하는 에스닉 재패니즈ethnic Japanese)의 면책을 시도한다면, 이는 논할 가치조차 없다. 사실상 누구를 국민으로 집어넣을지, 누구를 배제할지라는 지배권은 이 '중심부 일본 국민'이 독점하고 있기 때문이다.[7]

'중심부 일본 국민'과 '주변부 일본 국민'에게 '일본 국민으로서의 정치적 권리에 차이가 있어서는 안 되는 것처럼 '일본 국민'이기 때문에 생겨난 정치적 책임도 기본적으로는 동일하지 않으면 안 된다. 그러나 동시에 과거에는 침략전쟁과 식민지 지배의 주체였고, 전후에는 그 과거와 마주보려고 하지 않는 일본 정부의 정책을 허락해온 주체로서 '일본 국민' 중에서도 **실질적**으로는 '중심부 일본 국민', 즉 에스닉 재패니즈에게 가장 특별한 '전후책임'이 있음은 분명하다.

서경식은 자신도 한국 국적 보유자로서 베트남전쟁 피해자에 대한 '한국인으로서의 책임'을 지겠다고 한 후, '귀화' 조선인은 피해 기억과 경험을 갖기 때문에 '사죄와 보상을 실행시킬 정치적 책임을 한층 자각적으로 짊어져야 한다'고 주장했다.[8] '중심부 일본 국민'과 '주변부 일본 국민'은 '일본 국민'으로서의 정치적 책임을 공유하면서 각각의 역사적 경험에 따른 '전후책임'을 갖는다고 해야 할 것이다.

'끝' 이 있는 책임과 '끝' 이 없는 책임

'역사수정주의자' 들의 전제에 내재된 문제점으로부터 출발해 지금까지 침략이나 식민지 지배의 죄를 저지른 국가에 속한 '국민' 의 책임, 특히 '전후세대' 에 속하는 '국민' 의 '전후책임' 에 관해 생각해 봤다. 그러나 전후세대 '일본인' 이 국민의 한사람으로서 지게 되는 전후책임이 국가에게 법적 책임을 이행시키는 정치적 책임만은 아니며, 전후세대 '일본인' 이 지게 되는 전후책임은 국민의 한사람으로서 지게 되는 책임만은 아니다. 여기에서 상세히 논하기에는 지면이 부족하지만, 이 점은 간단히 확인해 두고 싶다.

먼저 전후세대 '일본인' 이 국민의 한사람으로서 지게 되는 전후책임은 국가에게 법적 책임을 이행시킬 정치적 책임에만 그치는 것이 아니다. 국가가 다해야 할 법적 책임은 전술한 대로 배상·보상, 책임자 처벌, 공식 사죄 등을 들 수 있다. 이것들은 정치권력을 전제로 한 국가의 행위로서 적절하게 행해진다면 유한한 행위에서 종결된다. 소위 '끝' 이 있는 책임이다. 예를 들어 이른바 일본군 '위안부' 문제에 관한 공식 사죄, 국가 보상, 책임자 처벌 등이 1990년대 들어서부터 요구되기 시작한 것은 전후 한 번도 그것들이 행해지지 않았기 때문이다.[9] 일본 정부가 이것들을 적절하게 시행한다면 법적 책임 문제로서의 이 문제는 종결된다.

그러나 법적 책임을 다해도 종결되지 않는 것은 예를 들어 '기억' 의 책임이다. 일본군 '위안부' 문제에서 피해자들은 법적 책임의 이행 외에 일본 정부를 향해 '희생자를 위한 위령비를 세울 것', '잘못을 반복하지 않기 위해 이 사실을 역사교육 속에서 계속 이야기할 것'을 요구해왔다. 이것들은 정치적 차원에서 '기억 계승'의 책임을 다하라는 요구라고 할 수 있다. 일반적으로 전쟁, 학살, 식민지 지배 등의 참화에 대한 '기억의 의무devoir de memoire'가 중요하다고 거론된다. 원래 '기억' 없이는 사죄, 보상, 책임자 처벌이 모두 불가능하며, '화해'나 '용서'도 있을 수 없기 때문일 것이다(무엇에 관해 '화해'하고 무엇을 용서하고 용서받을 것인지가 불분명하게 된다). '기억의 의무'를 말하는 언설이 공허한 슬로건으로 바뀌거나 현재 절박한 문제로부터 눈을 돌리는 듯한 효과를 갖는 경우 비판되지 않으면 안 된다. 그렇지만 본래 '기억의 의무' 자체는 과거의 참화로부터 교훈을 이끌어내 새로운 참화를 방지하려는 여러 조건을 갖추어가기 위해 요구되는 것이고, 현재적 동시에 '미래지향적'인 의미를 갖는다. 따라서 이러한 '기억'의 책임이 명확한 '끝'을 가질 수 없음은 분명할 것이다. 과거의 참화로부터 교훈을 이끌어내 새로운 참화를 방지하기 위한 여러 조건을 마련하는 작업은 새로운 세대가 출현할 때마다 재개되지 않으면 안 된다. '무한'까지는 아니더라도 어딘가에서 '끝났다'고 말할 수 없다는 것이다.

다음으로 전후세대 '일본인'에게 묻게 되는 '전후책임'은 국민의 한 사람으로서 지게 되는 책임만이 아니다. 예를 들어 전후에 분별 있는 일본인이 히로시마·나가사키의 참화 기억을 세계 사람들에게 전하기를 희망해온 것처럼, 홀로코스트의 기억은 가해자 측인 독일인과 피해자 측인 유대인에게만 전하는 것이 아니라, '기억하라' 는 호소를 들은 모든 사람들을 '기억' 의 책임 속에 놓아두는 것이다. 2차 세계대전에 한하지 않고 현재 많든 적든 영향을 미치고 있는 과거의 참화는 그로부터 배워서 새로운 참화를 막으려는 모든 사람들에게 '기억' 해주기를 요청하고 있다. '기억' 의 책임은 국경을 초월하고 민족 구별도 초월하는 것이다. 그러나 그 속에서도 일본군 '위안부' 문제에 관해서는 '일본인' (일본 국민, 특히 '중심부 일본 국민')이, 홀로코스트에 관해서는 '독일인' (독일 국민, 특히 '중심부 독일 국민')이 다른 사람들과 달리 각별히 무거운 '기억' 의 책임을 지고 있음을 부정할 수 없다. 이 점과 관련해 하버마스*는 '역사가 논쟁Historikerstreit' 의 와중에 쓴 논고에서 야스퍼스**가 제기한 독일인의 '집단적 공동책임' [10]이 세대를 넘어 계

* [옮긴이주] 위르겐 하버마스Jürgen Habermas(1929~)는 독일의 철학자이자 사회학자, 심리학자이며 언론인이다. 비판이론과 실증주의, 북미 실용주의 분야를 연구한 사회학자로 유명하다. 소통 행위의 이론에서 공공 영역의 개념으로 잘 알려져 있다. 사회이론의 기초와 인식론을 중심으로 연구했으며, 진보된 자본주의 사회와 민주주의, 비판적 사회진화적 맥락, 현대 정치학(특히 독일의)에 영향을 미쳤다. 현대 사회 제도 안에서, 또한 이성적인 관심사를 좇고 그것에 대해 토론할 수 있는 인간의 수용 능력 안에서 이루어질 수 있는 이성적이고 비평적인 커뮤니케이션의 잠재력과 이성, 정치적 해방에 대해 밝혀내는 것이 하버마스의 이론적 체계이다.

** [옮긴이주] 칼 야스퍼스Karl Theodor Jaspers(1883~1969)는 독일의 철학자다. 독일에서 가장 중요한 실존주의자 중 한 사람으로, 인간의 자기 실존에 대한 직접적 관심으로부터 문제에 접근했다. 후기 저작에서는 독일과 2차 세계대전에서 나치의 몰락에 대응하여 사고의 새로운 통일을 모색했으며 이 통일을 세계철학이라고 불렀다.

승된다는 '이유'를 다음과 같이 들었다.

먼저 우리들은 독일에서 독일인의 손에 의해 학살된 사람들의 고뇌에 대한 추억을 어떠한 왜곡도 없이, 그리고 단지 머리로만이 아니라—다른 누구도 그렇게 하려고 하지 않는 경우조차도—깨닫게 해둘 의무가 있다. 그들 죽은 자들은 후에 태어난 자들이 추억이라는 수단에 의해 다할 수 있는 연대, 그 아련한 회상anamnesis의 힘을 받아들일 권리를 이제야 서서히 갖기 시작했다. …… 만약 우리들이 벤야민이 물려준 이 추억을 무시한다면 유대인 시민들, 그리고 처음에 학살된 사람들의 아들과 딸, 나아가 손자들은 이미 이 나라에서 숨을 쉴 수 없을 것이다.[11]

'국민'에 대한 언급이 곧 '공동체주의'는 아니다

1990년대 들어 냉전 구조의 붕괴, 아시아 제국에서의 민주화 진전 등을 배경으로 일본군 '위안부' 문제를 비롯한 전쟁 피해 호소가 아시아 민중으로부터 분출되었다. 일본 측에도 전후보상운동이 일어났지만, 전후 반세기에 해당되는 1995년을 전후해 이에 대한 반발이 강해지면서 일본의 전쟁책임·전후책임을 둘러싸고 격렬한 논쟁이 벌어졌다. 논쟁의 소용돌이 속에서 필자의 전후책임론에 대한 이론과 반론도 심화되었는데, 배워야 할 견해뿐만 아니라 명백한 오해로 말미암은 것도 적지 않았다(그 중에는 의도적인 오해, 속

셈이 있는 곡해의 부류도 있었다). 이는 이 책의 논의와도 밀접하게 관련되기 때문에 여기에서 가능한 한 오해를 풀어두고 싶다.

테사 모리스 스즈키*는 가토 노리히로加藤典洋**의 《패전후론敗戰後論》에 대한 서평인 〈불온한 묘비—〈애도〉의 정치학과 〈대항〉 기념비〉에서 필자가 가토를 비판한 문장 중 다음의 한 구절을 들어 문제를 제기했다.

> 오욕의 기억을 유지하며 그것을 계속 부끄러워하는 일은 그 전쟁이 '침략전쟁' 이었다는 판단에서 귀결되는 모든 책임을 망각하지 않겠다는 사실을 항상 **지금**의 과제로 의식한다는 것이다. 이 모든 책임 속에는 피침략자인 타국 사망자에 대한 책임은 물론, **침략자인** 자국 사망

* [옮긴이주] 테사 모리스 스즈키Tessa Morris-Suzuki(1951~)는 영국에서 태어났다. 버스대학에서 박사학위를 받았고, 1999~2000년 일본 히토쓰바시대학의 객원 교수, 오스트레일리아 아시아 학회장을 지냈다. 현재 오스트레일리아 국립대학 교수(아시아 태평양 역사연구)로 재직 중이며, 아시아·태평양 지역에서 변경·통제의 최근 역사에 관한 공동연구 기획에 참여하고 있다. 저서로는《일본 기술의 변천*The Technological Transformation of Japan*》(Cambridge University Press, 1994),《재창조된 일본*Re-Inventing Japan*》(1998)이 있고, 국내에 번역되어 소개된 책으로는《일본의 아이덴티티를 묻는다》(산처럼, 2005),《일본의 경제사상》(솔, 2001) 등이 있다.

** [옮긴이주] 가토 노리히로加藤典洋(1948~)는 야마가타山形현에서 태어나 1966년 도쿄대학 문과에 입학 후, 1968년 불어불문과에 진학했다. 1978년 국립 국회도서관의 파견으로 캐나다의 몬트리올대학 동아시아연구소에 약 3년 반 동안 다큐멘탈리스트로 근무했다. 1982년 귀국 후,《早稻田文學》에 〈미국의 그림자〉를 발표하며 평론 활동에 들어갔고, 1985년 제1 평론집《미국의 그림자》를 간행하여 신예 평론가로 주목을 받았다. 1986년 메이지가쿠인明治學院대학 국제학부 조교수(현대일본문학)로 취임했다. 1998년《패전후론》으로 이토세이 문학상을 수상했다.《패전후론》의 발행부수는 1998년 3월 현재 2만 8천 부에 달하여 문예 평론집으로는 이례적인 롱 셀러가 되었다.

자에 대한 책임도 포함된다. 침략자인 자국 사망자에 대한 책임이란 사망자인 고인에 대한 필연적인 애도와 조의, 나아가 국제사회 속에서 그들을 "감싼다"는 일이 아니다. 이는 무엇보다도 침략자로서의 그들의 법적·정치적·도의적 책임에 입각해서 **그들과 함께** 또한 **그들을 대신해서** 피침략자에 대한 배상, 즉 사죄와 보상을 실행하지 않으면 안 된다는 것이다(강조는 원문).[12]

가토는 《패전후론》에 정리된 일련의 논고에서 전후 일본인의 '인격 분열'을 극복해 사죄의 '국민주체'를 만들어 낼 필요가 있다며, '강요된 헌법'·쇼와 천황의 전쟁책임·전사자의 '애도' 문제를 논했다. 이들 논의에 대한 필자의 이의는 다른 곳에서 상세하게 다루었기 때문에 여기에서 언급하지는 않겠다. 모리스 스즈키가 문제시하는 위의 구절은 필자가 가토의 논의를 처음으로 논한 짤막한 글의 결론 가까운 부분에 해당된다. 가토가 '침략당한 나라들의 인민에게 악랄한 침략자임에 틀림없다', '자국의 사망자'를 '"감싼다"', 그들의 '무의미'한 죽음을 먼저 '애도'하지 않으면 '국민주체'는 성립되지 않는다, '일본의 삼백만 사망자의 애도를 앞에 두고, 그 애도를 통해 아시아 2천만 사망자의 애도, 고인에 대한 사죄에 이르는' 일이 필요하다고 논한 데 대해, 필자는 비록 침략자였던 사망자라도 육친과 친구들은 '애도'할 권리를 갖는다— '죽은 자로서의 고인에 대한 필연적인 애도와 조문'—, 그렇지만 '국가'의 행위와 구별된 그러한 '애도'는 침략 피해자에 대한 '애도' 나 '사죄' 와 같은 수준이라도 후자보다 '앞에 두어져야' 할 것이 아니다, 뿐만 아니라 침략자로서의 '책임' 이 '애도' 나 '조문' 으로 인해 애매해져서는 안 된다고 비판했다.

테사 모리스 스즈키는 이 구절을 끄집어내 가토와 필자의 이러한 대립에는 '분명하게 어떤 종류의 저변에 깔린 논리적 유사성이 보인다' 며 이렇게 계속했다.

> 가토는 일본의 국민적 정신상태national psych를 재통합……하기 위해 '애도' 과정을 거치지 않으면 안 된다고 한 반면, 다카하시는 국민적 정신상태의 구제가 '수치' 경험의 지속에 있다고 한다. 확실히 '애도' 도 '수치' 도 어떤 특정한 역사적 사건의 기억에는 유효성을 갖는 정당한 반응일지도 모른다. 그러나 양자가 상정한 주변에는 '일본인' 이라 불리는 잘 정돈된 집단이 부동의 전제로 존재하고 있다. 이 전제는 내셔널리티라는 선善의 공유로 인해 과거 특정한 사건에 동일하면서도 독점적인 '애도' 와 '수치' 를 가져야 하는가라는 새로운 개념상의 문제를 제기한다. 여기에는 '애도' 와 '수치' 를 함께 경험해야 할 '공통된 "우리들"' 의 형태나 경계란 도대체 무엇인가라는 해답 없는 의문이 가로막고 있다. 그리고 가토와 다카하시가 취하는 위치에는 '온 국민이 한마음[一億一心]' 이라는 이미지[像]가 패전과 함께 돌연 '온 국민이 함께 참회[一億總懺悔]' 라는 이미지[像]로 간단히 변신해버린다. 20세기 중엽 공동체주의의 불쾌한 망령이 들러붙어 있다.[13]

필자는 여기에 세 가지 오해가 있다고 말하고 싶다. 첫째, '일본인으로서의 책임'을 인정하는 필자의 논의가 '〈일본인〉이라고 불리는 잘 정돈된 집단의 존재'를 '부동의 전제'로 하고 있다는 점, 둘째, 이러한 논의가 '내셔널리티라는 선'을 '공유'하고 있다는 점, 셋째, 그러한 전제에 서서 필자가 '국민적 정신상태 구제'를 위해 모든 일본 국민에게 '동일하고도 독점적인' '수치' 감정을 요구하고 있다는 점이다.

이미 언급한 대로 첫 번째 점에 대해 필자는 '본질주의적'('실체론적') 국민관·민족관이 유지되기 어렵다고 생각하고 있다. '혈통'에 의해서든, 문화에 의해서든 모든 사람을 '일본 민족'인지 아닌지로 '잘' 이분할 수는 없을 것이다. 언어 하나를 봐도 '일본어' 사용자가 모두 네이티브 스피커는 아니고, '일본어'의 외연도 '네이티브 스피커'의 외연도 엄밀히 확정하기는 어렵다. '일본 국민'인지 아닌지는 일본 국적 보유자인지 아닌지에 따라 법적으로 거의 확정 가능해 보이지만, 이러한 '국민'이라도 결코 '부동'의 실체는 아니다. 개인의 '탄생'이나 죽음, 또는 국적 변경을 통해 이 '집단'은 끊임없이 변화하고 있다.

그러나 그렇다고 해서 '일본인으로서의 책임'을 말할 수 없게 되거나 그것을 말하면 반드시 '공동체주의'나 '내셔널리즘'에 도달하는 것은 아니다. '아이누'와 '샤모'*와의 관계, '우치난추'**와

* [옮긴이주] 和人, 일본인.

** [옮긴이주] 오키나와 사람.

'야마톤추'*와의 관계, '귀화' 조선인과 '일본인'과의 관계, 한국 국민과 일본 국민과의 관계 등에 관해 말하는 일이 무의미해지는 것도 아니고, 곧바로 '공동체주의'나 '내셔널리즘'이 되는 것도 아니다. 그것은 테사 모리스 스즈키가 어떤 한 명의 호주 원주민 aborigine의 아픈 생애를 '우리들 〈중산계급〉의 〈백인〉'이 '〈애도〉했다'고 말했다는 이유로 '인종주의자'가 되지 않는 것과 마찬가지다. 예를 들어 필자가 '아이누'나 '오키나와 사람'이 아닌 '에스닉 재패니즈'로 '중심부 일본 국민'의 한 사람이라는 사실은 부정할 수 없다. 따라서 '아이누'나 '오키나와' 사람이 '중심부 일본 국민'으로서의 책임을 묻거나 '귀화' 조선인이나 한국인들이 '일본인'으로서의 책임을 묻는다면 그것을 무시할 수 없다. 오히려 이 물음에는 '일본인'으로서의 책임을 받아들이는 일이 '일본인'의 문제성을 해체하는 길임에 틀림없다는 방법으로 응답해야 할 것이다.

'내셔널리티라는 선善'?

두 번째로 필자는 '일본인으로서의 책임'을 이야기할 때 '내셔널리티라는 선을 공유'하고 있는 것이 아니다. 모리스 스즈키는 후

* [옮긴이주] 본토인, 일본인.

에 '내셔널리티라는 선' 이라는 표현이 "by virtue of their nationality" 의 '번역상의 오류' 였다고 말했다.[14] 실제로 필자가 생각하는 '일본인으로서의 책임' 은 '일본인' 이라는 '내셔널리티' (국적, 국민, 국민성)의 '선善' 을 전제로 하거나 예상하는 것이 아니라, 반대로 그러한 전제와 예상을 되물어 비판하려고 하는 것이다.

당연히 '내셔널리티' 가 '선한 모습' 으로 등장하는 국면이 전혀 없다고 할 수는 없을 것이다. 예를 들어 추방되어 국적을 잃고 난민이 된 사람이 '여러 권리를 가질 권리' (한나 아렌트)로서의 '내셔널리티' 를 희망하는 경우처럼 말이다. 안정된 '내셔널리티' 를 가진 자가 '내셔널리티' 없는 자신을 상상해보기는 쉽지만, '내셔널리티' 없는 나로 현실에서 살아가기는 어렵다. 그렇지만 '내셔널리티' 는 마땅히 그것을 가진 자에게만 '여러 권리' 를 부여하는 배타적인 특권이다. '국민' 과 그 타자, '국민' 과 비 '국민' 을 구별 또는 차별하고, '우리 국민' 과 '그들 외국인' 을 분할 또는 분단하는 원리다. 그 기원에는 '국가 창설의 폭력' (데리다*)으로서의 '법조정 폭력' (벤야민**)이 있고, 그 존속을 위해 '법유지적 폭력' (벤야민)

* [옮긴이주] 자크 데리다Jacques Derrida(1930~2004)는 알제리 태생의 프랑스 철학자다. 철학뿐 아니라 문학, 회화, 정신분석학 등 문화 전반에 관한 많은 저서를 남겼으며, 특히 현대철학에 해체의 개념을 도입한 것으로 유명하다. 1979년 소르본대학의 철학 강의를 맡으면서부터 데리다의 정치적 참여는 눈에 띄게 활발해졌다. 1981년에는 체코의 지식인들을 돕기 위한 얀 후스재단을 설립했는데, 이와 관련하여 프라하에서 불법적인 세미나를 조직했다는 이유로 감금되었다가 프랑수아 미테랑 대통령의 도움으로 풀려나기도 했다.

** [옮긴이주] 발터 벤야민Walter Bendix Schönflies Benjamin(1892~1940)은 유대계 독일인으로 마르크스주의자이자 문학평론가이며 철학자다. 그는 게르숌 숄렘의 유대교 신비주의와 베르톨

을 필요로 한다. '내셔널리티'는 그것이 '선한 모습'으로 등장하는 경우조차도 이러한 구조적인 '폭력'성을 면할 수 없다.

하물며 '일본인'이라는 '내셔널리티'는 전전戰前 일본제국주의와 '황민화' 정책, 전후 '국적 조항'에 의한 차별과 '단일민족국가'에 대한 환상 등, 배타적이며 동화적인 이중적 의미의 '타자'를 부정하는 역사를 통해 뿌리 깊은 폭력성이 각인되어왔다. 그렇다면 '일본인'의 '전후책임'을 받아들이는 일은 '내셔널리티라는 선'에 대한 신앙이기는커녕 거꾸로 '내셔널리티' 일반의 구조적 폭력을 자각하면서 그 속에서 '일본인'이라는 '내셔널리티'의 폭력성을 해체해가는 작업이 되지 않으면 안 될 것이다.

'애도'와 '수치'는 '책임' 인수를 통해서 해야 한다

세 번째는 '수치'의 문제다.

모리스 스즈키는 필자의 〈오욕의 기억을 둘러싸고〉에서 바로 이 문장을 집중적으로 비판했다. 가토가 '소름이 끼치는' 듯한 '무한한 수치'라고 평한 이래, '무한 수치'론, '무한 송구'론이라는 레테

트 브레히트로부터 마르크시즘의 영향을 크게 받았으며 비판이론의 프랑크푸르트 학파와도 관련이 있다. 1924년경부터 사회주의에 관심을 갖게 된 그는 1926년, 27년 겨울에 모스크바로 향했다. 공산주의운동을 점점 동경하게 되었음에도 불구하고 평생 '좌파 아웃사이더' 자리를 고수했다.

르가 붙어 나돌았고, 그 중에는 마치 필자가 '한결같이 계속해서 부끄러워할 뿐' 인 〈타자와의 관계〉를 바라고 있는 것처럼 묘사한 사람까지 등장했다. 터무니없는 과장, 곡해라고 하지 않을 수 없다.

필자가 '계속해서 부끄러워한다' 고 쓴 것은 '전후책임이 완수되지 않는 한, 또한 이 기억을 "잊는" 일이 허용되는 그 어떤 경우가 분명해지지 않는 한, 이러한 〈부끄러워해야 할 기억〉이 유지되지 않으면 안 된다' 는 의미였다. 그 때 필자는 '책임' 과 '수치' 의식에 관한 레비나스Emmanuel Levinas와 우카이 사토시鵜飼哲의 논의도 염두에 두고 있었다.[15] 어느 쪽이든 필자 논지의 핵심은 '책임' 에 있지, '수치' 감정에 있는 것이 아니었다. '전후책임' 의 구체적 실천을 뺀 채, '단지 한결같이 계속 부끄러워' 하거나 계속 '송구' 해 하는 데 의미가 없음은 너무나 당연하다. 필자는 이렇게 썼다. '오욕의 기억을 유지하며 그것에 계속 부끄러워하는 일은 그 전쟁이 〈침략전쟁〉이었다는 판단으로부터 귀결되는 모든 **책임을 망각하지 않겠다는 사실을 항상 현재의 과제로 계속해서 의식한다**는 것이다. 이 모든 **책임** 속에는 피침략자인 타국 사망자에 대한 책임은 물론 침략자인 자국 사망자에 대한 **책임**도 포함된다.'

'침략자인 자국 사망자에 대한 책임' 이란 무엇인가? 그것은 '무엇보다도 침략자로서의 그들의 **법적·정치적·도의적 책임**에 입각해서 그들과 함께 또한 그들을 대신해서 피침략자에 대한 **배상, 즉 사죄와 보상을 실행하는 것**' 이다. 여기에서 문제는 현재 일본 국민이 피침략국 피해자에게 '무엇보다도' '법적·정치적 책임'

(나아가 '도의적 책임')을 다하는 일, '즉 사죄와 보상을 실행한다'는 구체적 행위인 것이다.

'자국의 사망자' 대부분은 '침략자'였을 뿐만 아니라, 국가권력자에 의해 침략전쟁에 동원된 '피해자'이기도 했다. '피해자'로서의 '자국 사망자'에 대한 책임이란 무엇인가? 예를 들어 그것은 국가가 일반시민·병사를 불문한 모든 유족에게 보상하도록 만들고, 그(녀)들에게 '피해'를 가져온 국가권력자의 책임을 따지는 일로서 어느 쪽이든 먼저 국가의 정치적 책임을 추궁해야 하는 것이다.

물론 이렇게 말했다고 해도 필자가 '자국 사망자'와 '타국 사망자'를 어떤 경우에서든 구별할 수 있다고 생각하는 것은 아니다. 모든 경우에 구별하는 것이 좋다고 생각하지도 않는다. '국민'이나 '민족'에 대한 외연의 확정 불가능성뿐만 아니라, '대일본제국' 전쟁이 아이누나 오키나와 사람들, 조선·대만·사할린 등 식민지 출신 이민족도 동원한 점이 사정을 복잡하게 만든다. 그렇다고 해도 이 때문에 과거 '중심부 일본 국민'이었던 에스닉 재패니즈 사망자들이 '피침략자'로서 사죄와 보상의 대상이 되는 것은 아니다. 아이누나 오키나와 사람들, 조선·대만·사할린의 이민족 사람들이 침략전쟁의 주체였던 것도 아니다. 식민지 출신 사망자들은 본래 일본 침략의 희생자다. 따라서 여기에서도 '주변부 일본 국민'의 존재를 가지고 '중심부 일본 국민'의 책임을 애매하게 만들어서는 안 된다.

다시 확인하건대, 필자가 '수치'에 대해 언급하는 것은 '공동체

옹호자' 로서 '국민적 정신상태의 구제' 를 지향하기 때문이 아니다. 거꾸로 '전후책임' 의 지평에 부끄러워해야 할 것을 부끄러워하지 않음으로써 존속해온 '일본 국민' 의 '공동성' —그 중심에는 쇼와 천황을 면책하기 위한 장치로 만들어진 '상징 천황제' 가 있다— 해체가 포함되어야 한다고 생각하기 때문이다. '온 국민이 한마음[一億一心]' 으로부터 '온 국민이 함께 참회[一億總懺悔]' 로 변신한 '공동체주의' 의 '망령' 이기는커녕 계속해서 배제되어온 '타자' 와의 관계를 도입함으로써 이 '공동체주의' 자체를 비판하려는 것이다(덧붙여 말하면 이들 '일억' 에 식민지 인구를 포함시킴으로써 '타자' 의 존재를 부인했다). 문제는 모든 일본 국민에게 '동일하면서도 독점적인' '수치' 감정을 요구하는 것이 아니다. '자국' 역사의 '짐' 부분을 속이지 말고 직시하는 일, 부인하지 말고 기억하는 일, 그리고 이것을 '전후책임' 의 구체적 실천으로 이어가는 일이야말로 문제인 것이다.

'연루implication' 라는 사고방식

그렇다면 테사 모리스 스즈키 자신은 '책임' 에 관해 어떻게 생각하고 있는 것일까? 이 질문에 대해 그녀는 그 후에 쓴 논고 〈내셔널리즘과 전쟁/전후책임〉에서 '책임' 을 세 가지 수준으로 나누어 답하고 있다.[16]

첫째, 그녀는 '정치·경제론적' 인 수준에서 '예를 들어 종군 〈위안부〉에 대한 사죄와 배상을 정부에게 요구할 책임은 우선 일본 국적을 갖고 있는 사람들, 〈여러 권리를 가질 권리〉를 소유한 일본 주권자에게 있다' 라고 한다. 모리스 스즈키도 역시 이 수준에서는 '내셔널리티' 를 중시하지 않을 수 없다는 점에서 필자(다카하시)와 '거의 다르지 않다' 고 인정하고 있다.

둘째, 그녀가 '인식론적 수준' 이라고 부르는 차원의 질문, 즉 '일본의 전쟁범죄 기억을 차세대로 전할 책임' 이 '누구' 에게 있는가라는 문제에 대해 그녀는 '일본 국민' 이 그 책임을 갖는 것은 '확실' 하지만, 국적을 불문하고 '일본 주민' 도 그 책임을 갖고 있고, 나아가 '인류적 수준에서의 책임' 도 있다고 답한다. 이는 필자가 '기억의 책임' 으로 논해온 내용과 거의 중복된다. 그렇다면 이 점에서도 그녀와 필자의 생각에는 그다지 차이가 없게 된다.

셋째, '심리적 수준' 문제는 '어떤 역사적 사건에서 부끄러움이나 죄책감을 느낄 책임이 누구에게 있는가' 라는 것이다. 〈불온한 묘비〉에서는 '해답 없는 의문' 이었던 이 질문에 대해 모리스 스즈키는 아직 '확실한 대답' 이 아니라고 양해를 구하면서 여기에서 '해답' 을 부여하고자 했다. '연루' 라는 주목해야 할 개념이 등장한 것은 이러한 시도에서다.

'나는 호주 국적이다. 그러나 20년 전에 호주로 이주해온 이민자다. 이러한 나에게 19세기에 호주 원주민인 어보리진에게 행해진 학살과 학대에 대해 어떤 심리적 수준의 책임이 발생할까?' 이 질문에 그녀는 문제가 '책임'보다 '연루implication' 관계에 있다면서 이렇게 말한다. '나는 그 학살에 참가하지 않았다. 내 선조도 학살에 참가하지 않았다. 그러나 동시에 내가 그 역사적 사건과 전혀 관계없는 것은 아니다.'

즉 '연루'라는 것은 '자신'이 '하지 않은' 일에 대한 '관계'이고, '자신의 선조' 조차 '하지 않은' 일에 대한 '관계'다. 이 '관계'는 다음의 세 가지 점에 있다고 한다.

첫째, '내' 집이 학살된 어보리진의 토지에 세워져 있기 때문에 '빼앗긴 것을 물려받았다'는 관계, '"receiving stolen property"라는 범죄 책임'이 있다. 여기서는 이것이 결코 과거 문제가 아니며, '무수한 악행의 귀결'로서 '아직 아픔을 느끼며 살고 있는 사람들이 많이 있다는 사실'이 강조된다.

둘째, '내 머리 속, 내 기분 속, 내가 얻은 지식'에 '그 학살 및 그 후 역사가 불러일으킨 차별적인 고정관념이나 차별적인 이미지'가 들어 있는 한, '나'는 그 학살과 역사에 '연루'되어 있다. 따라서 '내가 무언가 일으킨' 데 대한 '책임' 문제에서 '연루'는 학살과 그 후 역사가 '나에게 특별히 큰 영향을 미쳤다'는 점이 강조된다.

셋째는 '동일시identification'로부터 생긴 '연루'다.

> 나는 일본에 오면 공항에 도착해 입국관리소에서 '호주 사람'이라고 대답한다. 이렇게 자신을 호주사람이라고 확인identify하면 그 호주의

역사적 수치, 죄책감 부분도 확인identify하지 않으면 안 된다. 예를 들어 호주인 작가 패트릭 화이트의 훌륭한 소설을 자랑스럽게 생각하는 감정이 있다면 동시에 원주민에게 행해진 학살과 학대에 대한 수치심과 죄책감을 느끼지 않으면 안 된다고 생각한다.[17]

이상으로부터 테사 모리스 스즈키는 의외로 과거의 학살과 '연루' 된 모든 사람들이 그 학살에 '부끄러움을 느낄 책임, 또는 죄책감을 느낄 책임' 이 있다고 생각한다는 것을 알았다. 자신이 원주민 박해에 참여하지 않고, 자신의 선조조차도 그것에 참여하지 않았다고 해도 '빼앗긴 것을 물려받았다', 그 박해와 그 후 역사가 '자신에게 특별히 큰 영향을 주었다', 또는 '국적nationality' 에 대한 '확인identification' 이 불가피함에 따라 자신은 원주민에 대한 박해에 '수치' 나 '죄책감' 을 느낄 '책임' 을 갖게 된다는 것이다.

'연루' 의 세 가지 '관계' 가 전후 일본 국민의 상황에도 들어맞고, 특히 '중심부 일본 국민' 상황에 타당하다는 것은 분명하다. 서경식이 지적한 '오랫동안 식민지 지배로 인해 초래된 기득권' 문제는 일본 국민을 '빼앗긴 것을 물려받은' 환경 속에 두고 있다. 사건과 그 후 역사가 '자신에게 특별히 큰 영향을 주었다' 는 의미에서 전후 일본 국가와 '국민' 의 존재, 그 자체가 전전戰前·전중戰中의 역사와 '연루' 관계에 있다고 할 수 있다. 더구나 '국민' 인 이상, 각종 장면에서 '내셔널리티' 에 대한 확인을 피하기는 어렵다. 다시 말해 전후 일본 국민의 한 사람이면서 과거 전쟁과 식민지 지배와 '전혀 관계가 없다' 고 하는 것은 불가능하다는 것이다.

모리스 스즈키의 주장에 따르면, 이러한 이유로 전후 일본 국민에게는 과거 역사에 '수치' 나 '죄책감' 을 느낄 '책임' 이 있게 된다. 이는 필자의 주장이 당한 오해나 곡해를 받을 만한 상당히 '강한' 주장이다. 오히려 필자는 오해·곡해를 피하기 위해 이렇게 말하고 싶다. 과거 역사에 '수치' 나 '죄책' '감정' 을 갖는 일 자체가 문제는 아니다. 이들 '감정' 이 '전후책임' 의 구체적 실천으로 이어지는 일이야말로 긴요한 문제다.

02

역사와 이야기

네오 내셔널리즘과 '국민의 이야기'

제1부에서는 '역사수정주의'의 '본질주의적'('실체론적') 국민관·민족관을 비판하면서 '전후책임' 문제에서 '일본인으로서의 책임'을 어디까지, 어떤 의미로 말할 수 있을지에 관해 생각해봤다.

그런데 1990년대 후반 일본에서의 논쟁 상황의 특징 중 하나는 '역사수정주의' 운동에서 '본질주의적'('실체론적') 국민관이 아니라 오히려 '구성주의적' 국민관에 서 있다고 공공연하게 주장하는 언설이 등장했다는 사실이다. 그들은 '국민'이란 어떤 '실체'적 존재가 아니라, 베네딕트 앤더슨*이 말하는 '상상의 공동체imagined

* [옮긴이주] 베네딕트 리처드 오고먼 앤더슨Benedict Richard O' Gorman Anderson(1936~)은 코넬대학 국제학과 명예교수다. 1936년 중국의 윈난성에서 태어나 케임브리지대학에서 그리스-라틴 고전을 공부했으며, 현재는 코넬대학에서 정부학과 아시아학을 가르치고 있다. 《상상의 공동체》를 엮어내면서 세상에 이름을 알리게 되었다. 이 책을 통해 베네딕트 앤더슨은 많은 사람들에게 '역사적·문화적 구성물, 상상의 공동체로서의 민족'이라는 개념을

community' 라고 판단한다. 그리고 거기에 철학적인 '역사 서사학', 즉 '역사'란 일정한 시점에서 과거를 재구성한 '이야기'와 다를 바 없고, '역사적 사실'이 그것을 '이야기하는' 사람들의 언어 행위로부터 독립적으로 실재하는 것이 아니라는 사고방식을 접목시킨다. 그들에 따르면, '국민'에게 그 아이덴티티를 제공하는 것은 '국민 형성의 이야기'이며, '국가의 정사正史'란 '국민의 이야기'이다.

〈새로운 역사 교과서를 만드는 모임〉의 대표적 이론가 사카모토 다카오坂本多加雄*는 이렇게 말한다.

> 국민 형성의 이야기를 가르치는 일이 역사교육의 기둥이라는 점은 이미 언급했다. 여기에서 중요한 것은 국민 형성의 이야기가 개인의 이야기 이상으로 허구fiction성이 강하다는 사실이다.
>
> 개인이라는 것은 그 동일성에 의심이 생겼다고 해도 적어도 육체로는 동일성이 지속된다. 이것이 과거와 현재에서 같은 세포로부터 형성된 것은 아니라고 말할 수도 있지만, 눈에 보이는 형태로 계속되고 있음

일반화시켜왔다. 즉 '민족은 본래 제한되고 주권을 가진 것으로 상상되는 정치공동체'라 정의하면서, 민족주의의 근원을 문화적 차원에서 바라보는 다소 독특한 시각을 제시한다.

* [옮긴이주] 사카모토 다카오坂本多加雄(1950~2002)는 일본의 정치학자다. 전공은 일본정치사상사이며 가쿠슈인学習院대학 법학부 교수로 재임 중에 사망했다. 새로운 역사 교과서를 만드는 모임의 이사를 역임했으며, 후쿠치福地源一郎, 야마지山路愛山라는 근현대 일본 지식인의 논고·언설 연구에서 시작해 일본의 내력을 어떻게 자리 매김할 것인가를 연구했다. 1990년대 후반부터 보수파 논객으로 활동하면서, 역사교과서 문제에서는 역사교육과 역사연구를 구별하고 역사연구가 다양해야 하지만 역사교육은 정통orthodox이어야 한다고 주장했다.

은 분명하다.

그러나 국민이라는 존재는 그 자체가 눈에 보이지 않는 것으로, 관념적인 존재, 그러한 관념의 형성이야말로 국민의 이야기임에 틀림없다.[18]

사카모토에 따르면, 근대국가에서 가장 중요한 것은 '이야기의 공유'다. 네 가지 다른 언어를 가진 사람들이 스위스 국민을 형성하는 이유는 그들이 오스트리아제국의 지배에 대항해 독립한 국민 형성의 이야기를 가지고 있기 때문이고, 다수 민족으로 이루어진 아메리카합중국이 하나의 국민국가인 이유는 미국이 세계 속에서 박해받은 사람들이 자유를 추구하며 만든 나라이고, 앞으로도 그러한 나라를 유지·발전시켜나간다는 국민 형성의 이야기를 가지고 있기 때문이다. 프랑스에는 '자유, 평등, 박애'와 '인권'의 나라라는 이야기가 있고, 구소련에도 사회주의혁명의 조국으로 세계 인민의 '해방투쟁'을 이끌었다는 이야기가 있다. 이 이야기들은 국제사회에서 타자로부터 '너는 누구인가'라고 질문 받았을 때, 각각의 '국민'이 답할 '우리들의 내력'이며, 많든 적든 '허구성'을 피할 수 없다고 해도 그것 없이는 '국민'의 아이덴티티가 성립되지 않는다.

그렇다면 일본 '국민의 이야기'란 무언인가? 사카모토는 이렇게 말한다. '전전戰前을 암흑으로 판단하며 패전으로 인해 민주주의와 평화를 획득하고 그 결과로 현재 번영이 있다는 이야기'를

'각자의 것' 이라고 할 수는 없다. 그것은 '그 전쟁' 의 의의를 간과하고 있다. 일본은 '대동아전쟁' 으로 인해 '유럽의 국제법 질서'를 '민주화' 시켰고, '진정 법적으로 대등한 주권국가에 의해 구성된 국제사회' 를 가져오는 '국제혁명' 을 수행했다. 일본의 '국민이야기' 중심에는 일본 국가의 연속성을 담보하는 '상징 천황제' 가 놓여야 하며, '국민의식의 형성' 에 관계된 역사교육에서 '위안부' 문제 따위는 '화장실 구조에 관한 역사' 와 마찬가지로 주변적인 문제에 지나지 않는다.[19]

'역사 서사론' 은 어떻게 대답할 것인가

이는 '국민' 이 '허구' 라는 '국민국가 비판론' 의 테제These와 '역사는 이야기다' 라는 '역사 서사론' 의 테제를 내셔널리즘과 '역사 수정주의' 의 기초로 삼으려는 새로운 전략이다. 일찍이 이와자키岩崎稔*가 지적한 대로 이러한 수법의 언설 출현은 이제야 비로소 문제 상황이 '《구성주의 이후》의 기억 항쟁이라고 불러야 할 수준' 에 이르렀음을 보여준다.[20] '구성주의 인식과 내셔널리즘의 주

* [옮긴이주] 이와자키 미노루岩崎稔(1956~)는 일본의 철학자로 도쿄외국어대학 종합국제학 연구교수다. 1988년 와세다대학 정치학연구과에서 박사학위를 받았다. 주요 공편 저서로는 《継続する植民地主義——ジェンダー／民族／人種／階級》(青弓社, 2005), 《記憶の地層を掘る》(御茶ノ水書房, 2007), 《21世紀を生き抜くためのブックガイド——新自由主義とナショナリズムに抗しての詳細》(河出書房新社, 2009) 등이 있다.

장이 〈양립 가능〉한' 이 상황에서 '국민국가'가 '상상의 공동체'라는 테제는 그것만으로는 아직 어떤 말도 하지 않은 것이 된다.[21] 마찬가지로 '역사는 이야기다'라는 테제도 그것만으로는 아무 말도 하지 않는 것이 될 것이다. '전후책임' 문제에서 '국민'이라는 의미의 중층성에 관해서는 제1부에서 그 일단을 언급했다. 이하로는 '역사 서사론'에 관해 지금 무엇을 질문해야 하는지 생각해보고 싶다.

'역사 서사론'의 철학적 옹호자인 노에野家啓一*는 사카모토坂本多加雄의 '국민 이야기'론을 비판하는 문맥에서 다음과 같이 말했다.

> 원래 '역사 서사학'은 무색투명한 이야기꾼에 의해 초월적 시점으로부터 말해지는 '유일하게 바른 역사'라는 개념을 파괴할 안티테제로 제출된 논의였습니다. 때문에 서사학은 '자국의 정사正史' 등의 진부한 개념과 대립관계에 서는 것이고, '국민 이야기'라는 통합적 표상을 해체하기 위한 비판적 개념의 장치와 다를 바 없었습니다. 우리들은 이미 항상 '이야기한다'의 네트워크 속에 살고 있으며 필요에 따라 형편에 맞는 '이야기'를 멋대로 선택할 수 있는 것이 아닙니다. '이야기한다'는 완결되고 단일한 '이야기'로 묶인 것이 아니라, 오히려 다양한

* [옮긴이주] 노에 게이치野家啓一(1949~)는 도호쿠대학 이학부 물리학과를 졸업하고 도쿄대학대학원 과학기초론 박사과정을 중퇴했다. 현재 도호쿠대학 문학부 교수이며 전공은 과학철학과 언어철학이다. 저서로는 《언어행위의 현상학》, 《무근거로부터의 출발》, 《과학의 해석학》 등이 있다.

목소리를 내면서 증식해나가는 것입니다. 더욱이 이야기한다는 행위의 수행적 성격은 역사를 이야기한다는 행위가 어떠한 장면에서 누가 누구를 향해 말하는가라는 언어행위적 상황을 명확히 하는 것입니다. 그것은 '이야기꾼'의 위치가 갖는 이데올로기성도 폭로하지 않을 수 없는 것이겠지요. 역사의 서사학이 가진 이러한 비판적 기능을 모두 없애버리고 사카모토 씨처럼 아무런 매개 없이 '역사는 이야기다'라고 주장하며 그 허구성을 강조하는 것은 '서사학'의 입장에서 보면 양두구육羊頭狗肉의 속임수라고 말하지 않을 수 없습니다.

한편으로 자유주의사관에 반대하는 입장의 사람들도 '역사 서사학'에 대한 비판에 가세하고 있습니다. 그러나 인식론적 반성이 결여된 '객관적 사실'에 대한 손쉬운 의지만으로는 사카모토 씨와 같은 '서사론'에조차 대항할 수 없습니다. 또한 역사기술의 정치성과 권력성을 부르짖으며 '윤리'를 내세울 뿐인 조잡한 논의로는 '국민의 이야기'가 요구하는 '국민의 윤리'와 동일선상에서 싸우는 일밖에 안 됩니다.[22]

여기에서 노에는 역사의 서사학과 내셔널리즘의 **양립 불가능성**을 단호하게 보증하는 것처럼 보인다. 역사의 서사학은 '국민의 이야기'나 '자국의 정사正史'라는 내셔널리즘의 '진부'한 '통합적 표상'과 '대립하는' 것이며, 이들을 일격에 '파괴'하고 사라질 수 있는 내셔널리즘의 '안티테제'와 다를 바 없었다. '국민의 역사'를 '국민의 이야기'로 말하는 것은 테제와 '안티테제'처럼 '대립하는' 것, 다시 말해 내셔널리즘과 '서사학narratology'이라는 양립 불가능한 것을 양립시키려는 사카모토의 '속임수' 라는 것이다.

그러나 과연 그런 것일까?

'국민의 이야기' 도 이야기된다

첫째, '국민의 이야기' 가 '무색투명한 이야기꾼에 의해 초월적 시점으로부터 말해지는' 것으로 생각되지는 않는다. 그것을 말하는 것은 '개인' 이나 '세계인' 보다 훨씬 구체적 존재인 '스위스인', '미국인', '프랑스인' 또는 '일본인' 이다. 사카모토는 사람들이 '국민의 이야기' 를 말할 때 후쿠자와福沢諭吉가 '편파심' 이라고 부른 것, 즉 '자신이 태어난 나라에 치우치는 마음' 을 갖고 말하는 것이 당연하다고 인정한다. 이것은 사람들이 '국가를 상대화해서 볼 수도 있다' 는 사실을 배제하지 않지만, 현실적으로 '편파심' 을 없애버릴 수 없고 그럴 필요도 없다는 것이다. 다시 말해 사카모토의 '국민 이야기' 는 처음부터 '정치적' 인 것으로 제출된다. 이야기 논자가 '폭로' 할 것까지도 없이 스스로 '이데올로기성' 을 숨기려 하지 않는 것이다.

'무색투명한 이야기꾼에 의해 초월적 시점에서 말해지는' 역사 따위는 존재하지 않고, 모든 역사는 이야기이며 따라서 무엇이든 '정치성' 을 갖는다. 이것이 역사 서사학의 기본 인식인 것이다. 이러한 의미에서 노에 자신은 '역사기술은 무조건 〈누가 누구를 향해 말하는가〉라는 민족, 인종, 계급, 성별, 세대 등의 차별이 내포된 정치성을 띠지 않을 수 없다' 라고 말하고 있다.[23] 그렇다고 하면 '국민의 이야기' 가 '국민' 의 '차이' , 즉 '편파심' 이 내포된 '정치성' 과 '이데올로기성' 을 가진다고 해도 전혀 이상할 것이 없게 된다. 역사 서사학은 '국민의 역사' 가 '무색투명' 하기 때문에 물리칠 수 없고(처음부터 이것은 '무색투명' 하려고 하지 않는다), '정치성' 이나 '이데올로기성' 때문에 물리칠 수도 없다.

그렇다면 둘째, '국민의 이야기' 는 그것이 '통합적 표상' 이라는 이유로 물리칠 수 있는 것일까? 노에는 '〈국민〉이라는 집합 표상에 의해 여러 개인을 포섭하는 일' 을 '국민국가 즉 상징의 공동체' 론으로 정립시킨 후, '이야기' 가 '아이덴티티 구조에 의해 국민 통합' 으로 결부되는 것을 기피한다.[24] 그러나 이미 언급한 것처럼 한편으로 사카모토에게 '상상의 공동체' 론은 이미 짜깁기가 끝난 일이고, 한편으로 노에의 '서사학' 에서 '이야기' 는 원래 '공동체' 와 강한 결속을 갖고 있다. 노에에 따르면, '역사란 〈구조화〉되고 〈공동화〉된 추억, 즉 〈기억 공동체〉와 다를 바 없다.'[25] 또한 '인간이 〈이야기하는 동물〉이라는 말은 그것이 무자비한 시간의 흐름을 〈이야기함〉으로써 봉쇄되어 기억과 **역사(공동체의 기억)**의 두께 속에서 자기 확인identify을 행하면서 살아가는 동물임을 의미한다.' (강조는 필자)[26] 개인의 경험은 이야기가 됨에 따라 '보편성' 과 '추상성' 을 획득하고, '기억의 공동체' 혹은 '공동체의 기억' 으로 역사에 등록된다. 이러한 의미에서 '이야기 행위' 란 '사적 비밀 체험'을 '공동체적 경험'으로 '승화'시키는 일이다.[27] 이 '공동화'는 과거뿐만 아니라 미래에도 이어진다. '이야기 행위는 과거와 함께 미래를 〈공동화〉함으로써 우리들에게 과거와 미래를 전망할 단서를 제공하고, 그로 인해 현재를 살아가는 우리들에게 자기 이해의 장을 제공한다.'[28] 물론 여기에서 말하는 '공동화'나 '공동성'에는 다양한 수준의 것들이 있을 수 있다. 그러나 그것들 속에서 '국민'으로의 '공동화'나 '국민'이라는 '공동체'가 선험적 a priori으로 배제된 이유는 어디에 있는 것일까? 어떻게 '기억의 공동체' 또는 '공동체의 기억'으로서의 '역사'로부터 '국민의 역사' 또는 '국민의 이야기'를 배제할 수 있는 것일까?

노에는 이것을 '〈국민의 이야기〉라는 배제와 선별의 폭력'이라고 설명한다.[29] 그런데 '국민의 이야기'가 배척당하는 이유가 그것이 '배제와 선별의 폭력'이기 때문일까? 어떠한 '공동화'나 '공동체'도 '배제와 선별의 폭력'으로부터 무관할 수는 없다. '농촌공동체' 이야기든 '친족공동체' 이야기든 '민족공동체' 이야기든 '유럽공동체' 이야기든, 그것이 '공동체의 기억'을 이야기하는 이상 '배제와 선별의 폭력'을 포함한다. 노에가 '근대'의 왜곡을 비추어 내는 '거울'로 평가하는 야나기타柳田国男*의 '서민의 생활을

* [옮긴이주] 야나기타 쿠니오柳田國男(1875~1962)는 일본의 민속학자이다. 효고 현兵庫県에서 태어났으며, 일본열도와 당시 일본령이었던 여러 지역을 조사했다. 초기에는 산山 생활에 착목해《遠野物語》에서 '바라건대 이것을 말해 평범한 사람을 전율시켜라'라고 썼다. 일본의 민속학 개척자다.

기저에 둔 공동체적 전통'—이 점에 관해서는 나중에 다시 한 번 언급하겠다—이라고 해도 이 점은 마찬가지일 것이다.[30] 노에는 스스로 '기억의 언어화 과정에는 **선택과 배제**, 과장과 왜소화, 억압과 은폐 등의 해석학적 계기가 불가피하게 들어온다' 고 서술하고 있다(강조는 필자).[31] 이처럼 모든 이야기가 '불가피하게' 그렇다면 왜 유독 '국민의 이야기' 가 '선택과 배제, 과장과 왜소화, 억압과 은폐' 라는 이유로 비판되지 않으면 안 되는 것일까?

이야기의 '윤리성' 이란?

셋째, '역사의 서사학' 은 어떻게 '〈국민의 이야기〉가 요구하는 〈국민의 윤리〉' 를 떼어내버릴 수 있는 것일까?

노에는 '역사에서 〈윤리〉를 말할 때' 의 위험성에 관해 이렇게 말한다.

> 윤리는 '……해야 한다' 는 명법命法의 형식을 취하기 때문에 그것은 타인을 어떤 방향으로 강제하거나 그곳에서 벗어난 자를 재판할 힘을 갖습니다. 쇼와 역사 논쟁을 제기한 가메이亀井勝一郎*는《현대사의 과

* [옮긴이주] 가메이 가쓰이치로亀井勝一郎(1907~1966)는 쇼와기 문예평론가이며 일본예술원 회원이다. 1937년에《人間教育》을 간행했고, 1938년《日本浪漫派》간행 후에는《文学界》동인이 되어 많은 글을 연재했다. 1942년에 일본문학보국회 평론부회 간사가 되었다.

제》에서 '역사를 윤리적으로만 바라보기 쉬운 경향은 황국사관 이래의 전통으로 여기에는 한 가지 위험이 있다. 왜냐하면 윤리적으로 바라봄으로써 새로운 우상을 만들기 쉽기 때문이다' 라고 말하고 있습니다만, 황국사관은 역사 속에 '……해야 한다' 는 명법命法을 도입하는 데 탁월하게 '윤리적' 인 역사관이었습니다. 그것이 얼마나 비학문적인 주장이며 어떠한 강제력을 발휘해 일탈자를 재단했는가는 여러분도 이미 잘 아시는 대로입니다.[32]

여기에서 왜 가메이를 예로 들었는가라는 의문은 나중에 언급하겠지만, '국민의 윤리' 나 '황국사관' 의 '윤리성' 을 물리쳤다고 해서 노에가 '이야기' 의 '윤리성' 을 모두 부정하고 있는 것은 아니다. 그러기는커녕 '역사 서사학' 의 포인트 중 하나가 '이야기' 자체가 불가피하게 '윤리적' 임을 인정하는 점에 있다고 한다. 야나기타는 '어르신들[故老中老]' 이 '미혼 남녀' 에게 이야기하며 전하는 '비유' (예) 속에서 '충분히 의식적인 일종의 훈계법' 을 찾아냈으며, '일일이 타당한 윤리 용어가 마련되지 않았다고 해도 이루어야 할, 이루지 않으면 안 될 것에 대한 학습은 [그것으로] 충분했다' 고 말한다. 노에에 따르면, '어르신들이 화롯가에서 이야기하며 전하는 이야기 행위' 야말로 '역사의 원형' 임에 틀림없지만, 그것이 '〈생활형식〉의 전승' 인 이상 '일종의 〈윤리적 명법〉을 띠

1959년부터 《文學界》에 라이브워크로서 〈일본인의 정신사 연구〉를 연재했으며, 1965년 《일본인의 정신사연구》 등으로 기쿠치칸상菊池寬賞을 수상했다.

지 않을 수 없기' 도 하고, '이야기' 가 기억의 '공동화' 라면 '〈공동화〉가 사람과 사람 사이에 성립되는 사건인 이상 그것은 싫든 좋든 윤리적 색채를 띠지 않을 수 없다' 는 것이 된다.[33]

그렇다고 하면 역사 속에 '해야 한다' 는 명법을 가지고 들어온 것이 '황국사관' 이 처음은 아닐 것이다. 마을 어르신들의 '소박한 이야기' 가 이미 그러하며, 모든 '이야기' 가 그러할 것이다. 그렇다면 이들 '이야기' 의 '윤리적 명법' 중에서 왜 새삼스레 '국민 이야기' 의 '국민 윤리' 가 배척되지 않으면 안 되는 것일까? '국민 이야기' 도 '국민적' 인 '〈생활형식〉의 전승' 이고, 기억의 '국민적' 인 '공동화' 이며, '사람과 사람 사이에 성립된 사건' 으로서 '국민적' 인 '윤리적 명령법' 을 띨 수밖에 없는 건 아닐까?

노에는 또한 이야기 행위로서 역사기술의 '어용론語用論적 차원' 과 '명제 내용' 의 차원에 관해 각각 '윤리성' 을 지적한다.[34]

먼저 이야기 행위란 '역사가가 독자를 향해 〈기억하라!〉고 호소' 하는 것이고, 거기에는 '타자에게 〈기억의 세대적 계승〉을 요청한다는 논리적 태도' 가 전제되어 있다. '기억하라!' 는 호소는 '무조건적인 윤리적 명령' 이다. 노에는 '역사기술의 〈윤리〉를 말할 수 있는 장소가 이 〈기억의 정언명법定言命法*〉의 언어행위적 구조와 그것이 갖는 정치성에 있다' 고 말한다. 이 '정치성' 이란 앞서 나온 '누가 누구를 향해 말하는가' 라는 그 '정치성' 이다('어용

* [옮긴이주] 칸트 철학에서 행위의 형식, 목적, 결과와 관계없이 그 자체가 선이기 때문에 무조건 지켜야 할 도덕적 명령을 의미한다.

론적 차원').

다음으로 역사가가 '기억할 만한 가치가 있는' 사실을 선택해낼 때 손에 넣을 수 있는 사료나 자료는 '압도적으로 정치권력을 쥔 쪽의 기억에 치우쳐' 있고, '문자를 갖지 않은 민중'이나 '여성'의 기록은 존재하지 않거나 쏠려 있다. 그것은 '지배자와 군사적 영웅' 중심의 역사가 많았기 때문이며, '역사 구축이 무명인들의 기억에 바쳐진다'라는 벤야민적인 '격차 원리'를 대치할 수 있다('명제 내용'의 차원).

그러나 이러한 노에의 교묘한 분석은 모든 이야기 행위가 본질적·구조적으로 '윤리적'이며 '정치적'임을 증명하기는 하지만, '국민의 이야기'와 '국민의 윤리'를 배제하기 위한 그 자체 내부의 특정한 '정치적' 또는 '윤리적' 결정을 정당화하는 것은 아니다. 마을 어르신들의 이야기 행위는 마을의 남녀에게, '국민의 이야기'는 '국민'에게 '기억하라!'고 호소한다. '역사는 이야기이고 윤리적이다'라는 '역사 서사학'의 테제에서는 어느 쪽을 선택해야 할 것인지가 드러나지 않는다(그러기는커녕 나중에 언급하듯이 노에가 의거하고 있는 야나기타의 논리 속에 양자 사이의 모순은 없다). '지배자'나 '군사적 영웅'의 역사를 말하자고 하는 '정치적', '윤리적' 결정이 있다면, 그것에 저항해 '민중'이나 '여성'의 역사를 이야기하자는 '정치적', '윤리적' 결정도 있다. 어느 쪽을 선택해야 할지에 대한 답이 '역사 서사학' 자체로부터 나오는 것은 아니다.

넷째로 덧붙이면, '스토리story'와 '내러티브narrative'를 구별하고 전자를 '국민의 이야기'로, 후자를 '역사의 서사학'으로 대응시키는 논의에는 설득력이 없다. '이야기'는 '명사적 또는 실체적'이기 때문에 '국가주의적인nationalistic 실체화'로 연결되기 쉽지만, 후자는 '동사적 또는 기능적'이기 때문에 '말의 언어행위적 측면', '즉 상호성과 공동성'을 강조하는 데 적합하다고 노에는 말한다. 그러나 '국민의 이야기'도 그것이 이야기되는 측면에 주목하면 충분히 '동사적 또는 기능적'이고 '상호성'이나 '공동성'도 가질 것이다. 내셔널리스트 동지가 '공동' 공간에서 '서로' '국민의 이야기'를 말하는 경우 등을 얼마든지 상상할 수 있다. 반대로 마을 어르신의 이야기 행위도 이야기된 '이야기story'로서의 '명사적' 측면을 가질 것이고, '공동체적 전통'이 되어 '실체화'될 수도 있을 것이다. '소박한 이야기'든 '거대한 이야기'든 그것이 이야기 행위인 '동사적' 측면과 이야기된 이야기로서의 '명사적' 측면을 갖는다는 점에는 변함이 없으며, 따라서 양자의 구별을 가지고 '국민 이야기'를 비판할 수는 없다.

'비판적 다원주의'란 무엇인가?

필자는 여기에서 노에가 '역사 서사학'의 입장에서 사카모토를 비판한 데 대해 '국민 이야기'론의 입장에서 사카모토를 옹호하려는 것이 아니다. 도대체 '역사 서사학' 자체 내에 '국민 이야기' 론을 물리칠 만한 어떤 근거가 있을까라고 질문하는 데 지나지 않는다.

노에는 아주 간결하게도 '역사 서사학' 의 테제란 '역사 서술이 기억의 〈공동화〉와 〈구조화〉를 실현하는 언어적 제작poiesis과 다를 바 없다' 고 표현하고 있다. 이 테제에 '역사 반실재론', '역사 현상주의', '역사 전체론', '시간은 흐르지 않고 축적된다' (센트리 테제), '이야기할 수 없는 것에 관해서는 침묵하지 않으면 안 된다' (역사 수행론)의 다섯 가지를 첨부한 것을 '역사철학 테제' 라고 부른다.[35] 그러나 위에서 본 대로 '역사 서사학' 이라는 테제로부터는 '국민의 이야기' 를 물리칠 만한 근거가 나오지 않고, '역사철학 테제' 전체를 봐도 사정이 달라지는 것 같지 않다. 이들 테제는 '국민의 이야기' 를 물리칠 근거를 갖지 않을 뿐만 아니라, 오히려 그것과 충분히 양립 가능하며, 이러한 의미에서 내셔널리즘과도 **양립 가능**한 것처럼 보인다.

노에는 사카모토를 비판한 문맥에서 구舊서독의 '역사가 논쟁Historikerstreit' 에서 하버마스가 취한 입장을 '비판적 다원주의' 로 부르고, 그 선상에 자신을 위치시킨다. 하버마스는 '수정주의' 에 대한 비판의 근거로 젊은 역사가 세대에서 '해석이나 방법적 접근의 다원주의가 일반화' 되고, 그것이 '모든 역사기술의 전후관계context 의존성에 대한 방법 인식도 예민하게 만든' 사실을 제시하면서 다음과 같이 서술했는데, 노에는 바로 이 점을 평가했다.

오늘날 수정주의자들이 임의로 재구성된 전사前史라는 서치라이트로 현재를 비추어내고 거기에서 선택된 것 중에서 특히 사정에 맞는 역사상을 선택할 수 있다는 생각에서 출발한다면, 그것은 이러한 해석학적 통찰을 오해하는 것이다. 방법 인식이 예민해진다는 것은 오히려 모든 닫힌 역사상歷史像, 심지어 어용역사가들에 의해 처방된 닫혀버린 역사상의 종언을 의미한다. 피할 수 없는 해석의 다원주의多元主義—그것은 결코 방치된 다원주의가 아니라 투명성이 주어진 다원주의다—는 오로지 열린 사회 구조를 반영하고 있는 것이다. 그러한 다원주의야말로 아이덴티티를 형성하는 스스로의 전통이 그 이중성[兩義性]으로부터 분명해질 기회를 개척하는 것이다.……[36]

그러나 역사가 논쟁에서 하버마스가 '수정주의자'를 비판할 때의 입장이 노에의 사카모토에 대한 비판과 어디까지 겹칠지는 의문이다.

첫째, 하버마스는 이 단계에서 '독일연방공화국의 공식적인 자기 이해'에 명확하게 관여commit하고 있었다.[37] 그들에게 문제는 '여태까지 독일연방공화국의 공식적인 자기 양해'가 '우익 측으로부터 계속해서 무효화되고 있다'는 것이었고, '우익 측'이 부활을 요구해온 독일의 '전통적 아이덴티티'에 대해 '포스트 전통적 아이덴티티'로서의 '헌법애국주의Verfassungspatroitismus'를 옹호하는 데 있었다. 때문에 그의 논의 속에는 '국민'의 틀이 '다원주의'에 의해 단순하게 '파괴'되어버리는 것이 아니라, '포스트 전통적' 인 것으로 유지되고 있다. 하버마스는 '아우슈비츠Auschwitz' 가 '우리들의 **내셔널 히스토리**에 깊이 새겨진 도덕적인 미완료 과거' 임을 강조하고, '아우슈비츠 이후 우리들은 우리들의 보다 나은 전통, 그것도 그대로 받아들이지 않고 비판적으로 획득한 역사 속의 [역사로부터 취사선택한] 보다 나은 전통을 통해서만 **내셔널한 자기인식**을 이해할 수 있다' 고 주장했다(강조는 필자). 나아가 '연방공화국 주민의 역사인식을 강화하려는 진지한 노력에 대해 누가 반대하려는가' 라고까지 말했다.

'독일연방공화국의 공식적인 자기 이해' 란 바꿔 말하면 당시 서독의 '국가 정사正史' 일 것이다. '다원주의' 적인 논의를 통해 얻어진 합의concensus로 지탱되고 있다고 해도 그 역시 '내셔널 히스토리', 즉 '국민의 역사' 이고, '국민의 이야기' 로 이야기된 것일 것이다. 하버마스의 '다원주의' 는 노에의 '서사학' 처럼 '국민의 역사' 를 배제하지는 않는다. 문제는 그것을 이야기할 때 '전통적 아이덴티티' 에 의거할지, '포스트 전통적 아이덴티티' 에 의거할지에 있다는 것이다. 물론 필자는 사카모토가 말하는 '국민의 역사' 가 하버마스의 그것과 동질이라고 생각하지는 않는다. 문제는 전자를 물리치고 후자를 탐구할 근거가 노에의 '역사 서사학' 또는 '역사철학 테제' 로부터 나오지 않는 게 아닐까라는 점에 있다.

둘째, 그렇다면 어떤 '국민의 이야기' 와 다른 '국민의 이야기' 가 대립했을 때, '국민의 이야기' 와 '개인의 이야기' 가 대립했을 때, 어떤 '개인의 이야기' 와 다른 '개인의 이야기' 가 대립했을 때

등 '다원적' 인 이야기 사이에 대립이나 항쟁이 생겼을 경우, 어떤 이야기를 탐구하고 다른 이야기를 물리칠 근거는 어디서부터 오는 것일까? 노에는 '역사의 진리' 기준이 '합리적 수용 가능성 rational acceptability' 이라고 이해하고, '구체적' 으로는 오모리大森莊藏의 말을 빌려 '현재로의 접속과 타자 증언과의 일치, 그리고 물적 증거라는 간신히 허락된 세 종류의 절차' 라고 한다. 이것이야말로 '역사를 허구와 구별하는 경계선' 이며, '역사기술이 준수해야 할 최저한도의 〈논리〉' 라고 한다.[38] 이것을 가지고 '진무천황神武天皇' 이래 '2600여 년' 의 '만세일계萬世一系' 한 '황통' 을 허구로 꾸민 '황국사관' 과 같은 이야기를 물리칠 수 있을지는 모르지만, '사실' 에 입각한 '국민의 역사', '지배자' 와 '군사적 영웅' 의 이야기도 물리칠 수 있을까? 홀로코스트 부정론은 물리칠 수 있겠지만, 홀로코스트 사실을 인정하면서 그 의미를 과소평가하는 '수정주의' 나 '유대인 절멸작전은 옳았다', '필요악이었다' 와 같은 '나치에 가까운' 이야기를 물리칠 수 있을까? 일본군 '위안부' 제도의 '사실' 을 인정하면서도 그것이 '화장실 구조에 관한 역사' 처럼 역사 속에서 보잘것없는marginal 위치밖에 차지하지 않는다는 견해를 물리칠 수 있을까? 이 역사의 '논리' 만으로 그것을 물리칠 수는 없을 것이다.

다시 말해 다수[複數]의 다른 이야기가 대립·항쟁 관계에 있을 경우, 어떤 이야기를 탐구하고 다른 이야기를 물리치려 한다면, 당연히 '역사는 이야기다' 라는 것만으로 해결되지 않고, 이야기의 구체적 내용으로 들어가 그것이 어떻게 '배제와 선별의 폭력'을 행사했는지를 분명히 할 필요가 있다. 그리고 동시에 '배제와 선별의 폭력'을 비판할 '정치적' 혹은 '윤리적'인 판단에 관여commit할 필요가 있다. '배제와 선별의 폭력'을 비판한다는 결정은 '역사 서사학'에 속하지 않고, '정치적'·'윤리적' 판단에 속하기 때문이다. 하버마스가 그랬듯이, '비판적 다원주의'가 단순히 '다원주의'가 아니라 '비판적'이고자 한다면 그것은 '역사 서사학'에서 멈출 수 없고, '다원적'인 이야기 사이의 대립·항쟁 속에서 끊임없이 구체적·실질적인 '비판'의 실천, 즉 '논리적'인 '비판'뿐만 아니라 '윤리적'·'정치적' '비판'을 실천하는 일을 피할 수 없다.

메타이야기로서의 '역사 서사학'

'정치적'·'윤리적' 비판의 필요성을 강조하면 '정치주의'('정치환원주의')이며 '윤리주의'라는 레테르가 따라붙을 것 같다. 노에도 처음에 인용한 문장에서 '자유주의사관에 반대하는 입장의 사람들'의 '역사기술의 정치성과 권력성을 부르짖으며 〈윤리〉를 내세울 뿐인 조잡한 논의'를 신랄하게 비판했다. 노에에 따르면, '역사에서 〈윤리〉는 처음에 외쳐야 할 단어가 아니라 오히려 마지막에 말해야 할 단어'이고, '소리 높여 외쳐야 할 것이 아니라 낮은 목소리로 말해야 할 것' 이다. 또는 그것은 '〈말해야〉 할 것이 아니라 〈보여야〉 할 사항' 이다.[39]

원래 노에는 '이야기의 철학' 을 '모든 이데올로기적 허식을 벗어 버림으로써' 가능해지는 '진정한 의미에서의 〈역사철학〉' 으로 구상하고 있다.[40]

만약 그렇다고 하면 '이야기의 철학' 은 모든 이야기의 '정치성' 과 '윤리성' 을 지적하고, 그들 '이야기꾼' 의 '위치' 가 갖는 '이데올로기성' 을 폭로하면서도 그 자신은 완전하게 '이데올로기성' 을 모면하는 것, '완전하게 이데올로기적 허식을 벗어버린' 것이 될 것 같다.

그러나 정말 그럴까? 모든 이야기의 '이데올로기성' 을 '폭로' 하는 '이야기의 철학' 그 자신은 어떤 '이데올로기성' 도 가지지 않는 것일까? 과연 '이야기의 철학' 의 언설 중에 '역사' 에서의 '윤리' 에 관해 말하는 일이 '말해지고' 있는 것이 아니라 '보이고' 있을 뿐이라고 말할 수 있을까? 역사가에 의한 '기억해야 할 사항의 선택과 배제 행위' 속에 이미 '기억하라!' 는 명령법이 울려 퍼지고 있다면, '윤리' 는 '마지막' 이 아니라 이미 '처음' 부터 언제나 '말해지고' 있는 게 아닐까? '국민 이야기' 의 '정치성' 이나 '권력성' 으로 인해 특정 부류 사람들의 '윤리적' 항의가 침묵으로 내몰려지는 듯한 경우, '윤리' 를 '큰 소리로' 말하지 마라, '낮은 소리로' 말해라('큰 소리로' 말**해서는 안 되고**, '낮은 소리로' 말**해야 한다**) 라고 말하는 '이야기의 철학' 은 이미 충분히 '이데올로기적' 인 것이 아닐까?

일반적으로 '낮은 소리로' 말해지는 윤리가 '큰 소리로' 말해지는 윤리보다 '위험' 하지 않다고 할 수는 없다('마지막에' 말해지는 윤리가 '처음에' 말해지는 윤리보다 '위험' 하지 않다고도 할 수 없고, '보이는' 윤리가 '말해지는' 윤리보다 '위험' 하지 않다고도 할 수 없다). '나지막하게' 말해지는 윤리는 '낮은 소리로' 잠행해 눈에 띠지 않을 뿐 오히려 '위험' 한 점이 있을 수도 있을 것이다. 여기에서 간과할 수 없는 것은 '〈이야기〉의 생성과 구조를 분석하는'[41] 일종의 메타 이야기로서의 '이야기 철학' 자체의 '이야기' 성이며, 그 '정치성', '윤리성', '이데올로기성' 이다. 필자의 눈에는 노에의 '이야기 철학' 의 언설 속에 무언가 일관된 '이데올로기' 가 '드러난다' 거나 '나지막하게' 말해지는 것들이 있다고는 보이지 않는다. 그럼에도 불구하고 신경 쓰이는 몇 가지 점을 지적해두고 싶다.

하나는 '윤리적' 역사관을 비판하면서 가메이가 언급한 '역사를 윤리적으로만 바라보기 쉬운 경향은 황국사관 이래 전통으로, 여기에는 한 가지 위험도 있다. 왜냐하면 윤리적으로 바라봄으로써 새로운 우상을 만들기 쉽기 때문이다' 라는 대목을 예로 든 부분이다.

노에는 이 인용에 이어 최근 논쟁에서 '자유주의사관에 반대하는 사람들' 측의 '윤리 과잉' 을 비판했다. 이 때문에 마치 일본의 전후책임을 인정해야 한다고 주장하는 측도 '황국사관' 과 비슷한 '위험' 한 '윤리적' 역사관에 속하는 듯한 인상이 만들어졌다. 정말로 그런지 어떤지는 '자유주의사관에 반대하는 사람들' 이 어떻게 '특정한 역사적 사건을 〈성역화〉하거나 어떤 역사적 관점을 절대화해 〈새로운 우상을 만드는〉 일' 을 하는지가 구체적으로 제시되지 않는 한 알 수 없다. 그러나 노에는 그것을 하지 않았기 때문에 독자에게는 단지 막연하게 '자유주의사관에 반대하는 사람들' 도 '위험' 한 '윤리주의자' 로 역사의 '윤리' 를 소홀히 하고 있는 듯한 이미지가 남게 된다. 그렇다면 당연히 이러한 노에의 언급들은 현재의 논쟁 상황 속에서 일정한 '정치적' 효과를 수행하고 있는 것이 아닐까?

'윤리주의' 비판의 배후에 있는 것

다음으로 노에가 인용한 가메이의 문장이 말하지 **않고 있는** 점에 주목해보자. 그것은 우선 가메이 자신이 예전에는 '황국사관' 측 이데올로그로서 전쟁협력에 힘썼고, 전후에는 그 일로 인해 '윤리적' 책임을 추궁당하는 입장에 있었다는 사실이다. 가메이는 일본 낭만파 논객이자 '근대 극복[超克]' 론자로서 전쟁은 '천황 폐하의 성려' 에 의한, '노예의 평화보다 왕자의 전쟁을!', '모두 내던짐', '비원이 있을 뿐' 등을 외치며 독자를 전쟁으로 몰아넣었다. 그렇다면 전후 가메이에게 역사를 '윤리적' 으로 보는 '경향' 이란 '황국사관' 뿐만 아니라, '황국사관' 에 가담한 그 자신의

'윤리적' 책임을 묻는 전쟁책임론이었다고 해도 이상할 것이 없다. 전쟁책임론을 하나의 배경으로 싸워온 '쇼와 역사 논쟁'에서 '황국사관 이래 전통'을 타인의 일처럼 말하며 역사의 '윤리적' 시각을 비판해두는 일은 가메이에게 전쟁의 책임 추궁을 나눈다는 의미에서 효과적이었을 것이다. 물론 가메이는 전쟁책임 문제를 언급하면서 일본이 '식민지화되지 않기 위해' '대륙을 침략'한 것이 '중국인·조선인 측에서 보면' '터무니없는 모순'이었다고 말하기는 한다. 그러나 그는 결국 '전쟁'이 '일본 근대의 비극' 때문에 '불가피'했다고 언급할 뿐만 아니라, 야나기타의 '전쟁협력'에 대한 책임을 '지식인'의 '희생자적 성질'이라는 전도된 구도 속에 사라져버리게 만든다.

> 굳이 지식인의 '약함'을 말한다면 일본 군인도 정치가도 모두 약했다고 말할 수 있다. 이는 세계에 선례가 없는 특수한 민족 변모기를 만나 어떠한 방침도 가질 수 없었다는 의미다. …… 나는 자타를 포함해 지식인의 '약함'을 변호하려는 것이 아니다. 근본적으로 전쟁협력 역시 **우리들의 윤리적 결함**이었음을 인정한다. 단지 나는 **지식인의 특수한 희생자적 성질**을 언급해두고 싶었을 뿐이다. 전쟁은 확실히 무모했지만 냉정하게 생각하면 메이지 개국 이래 '서양문명'을 받아들이는 방법부터 이미 무모했다고 말할 수는 없을까? 나는 그것이 **불가피**했고 현대 지식인은 그 무모한 희생자적 성질을 띠고 있었다, 이중적인 '특수문화권' 내에서의 특수한 실험을 자기 운명으로 하지 않을 수 없었

다는 점을 첫 번째 특징으로 들어두고 싶은 것이다(강조는 필자).[42]

'전쟁협력'이 '근본적으로' '윤리적 결함'이라면 역사의 '윤리적' 비판에 대한 '위험'성을 강조해두는 일은 '전쟁협력'에 대한 엄격한 비판을 사전에 봉쇄하는 효과를 가질 것이다. 게다가 이 '윤리적 결함'이 '우리들'의 것, 즉 '지식인' 집단의 것이고, 이 집단이 '무모'하고 '불가피'한 '전쟁'의 '희생자적 성질'을 띠고 있다면, '전쟁에 협력'한 가메이도 실은 '희생자'였던 것이 되어 그 책임은 씻은 듯이 사라져버릴 것이다. 가메이의 윤리주의 비판은 그 자신의 전쟁책임 문제를 어딘가로 증발시켜버린다는 의미에서 거의 '역사수정주의적'이라고까지 말할 수 있을지도 모른다. 이 윤리주의 비판을 '자유주의사관을 비판하는 사람들'에 대한 비판 문맥에서 원용함으로써 노에는 어떤 언어행위를 수행하고자 하는 것일까?

더욱이 노에의 인용에 의문이 생기는 것은 가메이의 윤리주의에 대한 비판이 강렬한 '국민' 논리와 결부되고 있기 때문이다. 원래 '쇼와 역사 논쟁'은 가메이가 도야마遠山茂樹 등이 저술한 《쇼와사昭和史》[43] 속의 역사를 '〈국민〉 부재'의 역사라고 비판한 데서 발단한다.

패전으로 이끈 원흉이나 계급투쟁 전사의 이름은 나온다. 그러나 이러한 역사에 반드시 등장하지 않으면 안 되는 '국민'이 부재한다. 이는 어찌된 일일까. 만주사변[日華事變]에서 태평양전쟁에 이르는 전쟁이 무모한 싸움이었다고 해도 그것을 지지한 '국민'이 있었을 것이다. 쇼와 30년간을 통해 그 국민의 표정이나 감정은 어떤 식으로 변화했을까. 이 중요한 주제를 어떻게 무시해버린 것일까.[44]

또한 가메이는 '역사가'가 '죽은 자의 소리를 대변하고 그 혼을 되살리는 일'의 필요성을 설명하지만, 그가 생각하는 '죽은 자'란 '그 전쟁을 말 그대로 〈성전〉이라고 믿고 천황폐하만세를 외치며 죽어간 무수한 병사'와 '일본을 마음속으로부터 사랑하며 죽은 성실한 군인' 등의 '자국' 사망자이고, '국민' 이외의 사망자는 전혀 염두에 두고 있지 않다.

가메이가 생각하는 현대사는 분명히 '국민의 역사'이며 '국민의 이야기'다. 그가 열거하는 현대사의 7가지 문제도 모두 명백한 일본 '국민'의 이야기라고 되어 있다. 더욱이 그는 이미 '국민'이 일종의 '근대적 허구'임을 인정하고, '과학적 사실'에 '입각하면서' 역사도 사실의 '선택'이나 '강조'에 의해 '구성'되는 이상 '허구'이며 '변형작용'이 아닐까, '〈과거〉란 일종의 허구가 아닐까'라고 말한다. 나아가 역사교육에서는 '전설'에도 '정당한 위치'를 부여해야 하며, '아름다운 전설은 그대로 믿어도 좋은 게 아닐까'라고도 말한다.[45] 이러한 가메이의 '역사'관은 '역사 서사학'에 바탕을 둔 '국민 이야기'론에 지극히 가깝다고 할 수 있을 것이다.

'역사를 윤리적으로만 바라보는 경향'에 대한 가메이의 비판은

'국민의 이야기'가 요구하는 '국민의 윤리'를 물리치는 정도가 아니다. 그 자체가 전형적으로 '국민의 윤리'를 요구하는 '국민의 이야기'인 것이다.

야나기타 쿠니오 '서사'론의 문제

노에의 말에서 신경 쓰이는 또 한 가지 점은 '야나기타 쿠니오柳田國男' 문제다.

노에는 그의 '이야기 행위론'이 '《구승문예사고口承文藝史考》를 비롯한 야나기타 쿠니오의 논저를 언급함으로써 명확한 형태를 완성시키는 데 도달'했다고 말한다.[46] 노에는 《이야기의 철학》에서 야나기타의 '서사'론이 단순히 '이야기 행위'의 원형적 이미지만을 제공했다고 하는 것이 아니라, 야나기타의 '서민' '민속학' 전체를 '〈근대〉라는 가치의식에 대한 〈이데올로기 비판〉'[47]의 장치로서 최대한 평가해 반복적으로 그에 대한 찬사hommage를 바치고 있는 것이다.

야나기타 서술의 배후에 있던 것이 농촌의 급격한 근대화로 인해 계속 멸망해가는 서민문화의 근저에 다리를 놓고 일본의 행방을 확정하려는 견고한 의지였다고 하면, 벤야민 논술의 배경을 이루는 것은 유럽 근대의 비극적 귀결이라고 말해야 할 두 세계대전 사이에 몸을 둔 상실감과 거기서 계속 생겨나는 새로운 위기에 대처하려는 강인한 의지였다. 그렇지만 야나기타 쿠니오와 벤야민이라는 이 기묘한 배합이 이야기의 쇠망현상에 대한 헛된 한탄을 공유하고 있는 것은 아니다. 그들은 둘 다 그 현상의 원인이 되는 유래를 밝혀냄으로써 '근대' 라는 세계사적 난제aporia에 각각의 거점으로부터 대치하고자 했던 것이다. 때문에 그들의 서사론은 잃어버린 세계로의 추억이나 향수nostalgia가 아니라, 근대 비판이라는 특별하고 현대적인 문제의식을 관통하고 있었다고 말해야 할 것이다.[48]

그에게 이야기의 자기운동은 이미 계속 잃어버리고 있다고 해도 서민생활을 근저에 둔 공동체적 전통이라는 확고한 기둥을 갖는 것이었다. 농정학자로서 당시 농촌의 실상을 속속들이 알고 있던 야나기타는 공동체적 전통으로 축적되어온 역사의 두께를 무시하고는 어떠한 '근대화' 도 있을 수 없음을 뼛속 사무치게 느끼고 있었던 것이다. …… 이러한 의미에서 이야기의 전승은 그에게 '전통' 을 재생산하는 교육 장치이며 사람과 사람 사이의 공동체적 결합을 회복할 '세대 간 커뮤니케이션' 의 수단에 다름 아니었다.

물론 거기에 보이는 것은 단호한 '보수保守' 의 자세다. 그것을 단순히 전근대로의 향수nostalgia로 치부해버리기는 쉽다. 그러나 야나기타가 많은 보수주의자나 반근대주의자와 다른 점은 그에게 '전근대' 는 돌아가야 할 '고향' 이 아니라 오히려 '근대' 의 왜곡을 비춰주는 '거울' 이었다는 사실이다. …… 정말로 야나기타의 민속학 전체는 '근대' 의 물결에 떠밀리고 부딪쳐 흠뻑 젖은 일본인이 자기의 모습을 비추어내는 다

면적인 거울을 윤이 나게 닦는 작업, 바로 그것이었다.[49]

이러한 노에의 야나기타 쿠니오에 대한 평가는 '전근대로의 회귀'가 아닌가라고 '엉뚱한 비판'을 받았지만, 그는 '〈공동성共同性〉 속에 무턱대고 나치즘이나 일본제국의 환영幻影을 들추어내는' 듯한 '약간 소아병적인 논조'에는 동의할 수 없다고 말한다.[50]

그러나 '나치즘'이나 '대일본제국'은 '전근대'라기보다 독일과 일본의 '근대' 그 자체일 것이다. '대일본제국'에 관해 말하면, 야나기타 쿠니오는 단지 그곳에서 살기만 했던 것이 아니다. 법제국 참사관·서기관, 궁내서기관, 내각서기관, 귀족원서기관장 등 고급 관료를 역임했고, '한일병탄'의 법제 작성을 맡은 공적으로 '훈오등서보장勳五等瑞寶章'과 '한국병탄기념장韓國併合記念章'을 수여받았으며, 메이지 천황의 '대장大葬',* 다이쇼 천황의 '대례大禮', '대상제大嘗祭'**에 봉사했고, 국제연맹위임통치위원으로 '남태평양군도南洋群島'의 식민지통치에 관여했다. 아시아태평양전쟁 중에는 '일본문학보국회日本文學報國會' 이사, '일본소국민문화협회日本小國民文化協會' 고문을 맡았고, '대정익찬회씨자위원회大政翼贊會氏子委員會'에 참가했으며, 〈특공정신을 키우는 자〉(1945)를 써서 "'몸을 바쳐 의를 위해 죽을 각오'를 가진 '용사열사'를 키워내는 일이야말로 '어머니라는 국민의 도덕'"이라고 설교했다. 패전

* [옮긴이주] 천황·태황태후·황태후·황후의 장례.

** [옮긴이주] 천황 즉위 후의 첫 신상제新嘗祭(11월 23일에 천황이 햅쌀을 신에게 바치는 궁중 행사).

이듬해에는 대일본제국헌법 하에서 최후의 '추밀고문관' — '천황의 지고至高한 고문' —을 지냈다. 이러한 사실만으로도 야나기타가 '대일본제국'의 '근대'와 철저히 밀착된 존재였음은 분명하다.

'서민' '민속학'의 '이데올로기 비판'이 필요

우선 이에 대한 내 의문은 다음과 같다. 어째서 '완전히 이데올로기적 허식을 벗어버렸을' 터인 '이야기의 철학'은 야나기타 '민속학'을 '이데올로기 비판'으로 칭찬할 뿐, 야나기타 '민속학' 자체가 지닌 이데올로기를 비판하지 않는 걸까? 왜 '〈서구근대〉가 계속해서 물가를 침식하는 데 대해 야나기타 쿠니오가 부설한 방어선'을 칭찬할 뿐, '대일본제국'이나 '전후 일본'의 '근대'와 '서민' '민속학'과의 연관성을 전혀 묻지 않는 걸까?

예를 들어 《도야마遠野 이야기》의 첫머리에 '다시 말해 이 글은 현재의 사실이다', '바라건대 이를 말함으로써 평범한 사람을 전율시켜라'라고 쓴 것에 대해 노에는 야나기타가 '〈시민〉에게도 〈서민〉에게도 뿌리를 가지지 않는 〈일본적 근대〉 그 자체를 향해 화살을 쏜 것이다'라고 말한다.[51] '평범한 사람'을 '전율'시킬 수 있는 것은 '산신산인山神山人의 전설'이지 '시민'이나 '서민'의 이야기가 아니지만, 지금 이 점은 제쳐놓기로 하자. 이는 아마도 '산인山人'*에 관해 '명예 있는 영원한 정복자의 후예로서의 위엄'을 가지고 말한다는 야나기타와 관련되어 있을 것이다. 마침 《도야마 이야기》가 '한국병탄'과 같은 해에 간행되었고, 같은 해 '농정학자'인 야나기타가 〈시대와 농정農政〉에서 다음과 같이 언급한 것에 대해, 노에는 '일본적 근대'와의 관계라는 점에서 어떻게 생각하는 것일까?

> 가령 만인万人이 만인이면서 동일한 희망을 갖는다고 해도 **국가의 생명이 영원한** 이상, 아직 태어나지도 않은 수천억만 인의 이익도 미리 생각하지 않으면 안 됩니다. 하물며 우리들은 이미 흙으로 돌아간 수천억만의 동포를 갖고 있고, 그 정령 또한 **국운발전 사업 위에 무한한 이해利害 감정을 품고 있는** 것입니다(강조는 필자).[52]

'국가의 생명'이 '영원'하다고 하면 '국가 다음으로 오랜 생명력을 갖고 있는' 것은 '집안'이다.[53] 야나기타는 계속 말한다.

> 각각의 개인과 그 선조와의 연락, 즉 집안의 존재를 자각한다는 것은 일본과 같은 체제에서는 동시에 개인과 국가와의 연쇄입니다. …… **선조가 수십, 수백 대 동안 항상 일본 황실을 받들고 봉공하고 숨 쉬며 살**

* [옮긴이주] 산을 생활의 근거로 삼아 독자적인 문화 체계를 형성하는 사람들을 말한다. 일본의 《延喜式》이나 《万葉集》 등에 기록되어 있지만 그 실체는 불분명하다. 산인에 대한 전승은 일본 전국의 산간 마을에서 들을 수 있다.

아왔다는 자각은 가장 명백하게 충군애국심의 근저를 만듭니다. 집단이 없어진다면 심지어는 왜 자신이 일본인이지 않으면 안 되는가를 스스로에게 설명하는 일조차 곤란해집니다. …… 일본과 같은 유서 깊은 국민이 계도를 버리려는 건가요?(강조는 필자)[54]

야나기타에게 '이야기 전승'이 '〈전통〉을 재생산하는 교육장치'이며 '사람과 사람 간의 공동체적 결합을 가능하게 하는 〈세대 간 커뮤니케이션〉'이었다는 사실은 노에가 말한 대로일 것이다. 그러나 그 '전통'이나 '교육장치', '공동체적 결합', '세대 간 커뮤니케이션'이 '개인'을 '가문'이나 '마을'을 거쳐 '황실'과 '국가'로—천황제 일본 국가로— '연쇄'시키는 것이었다고 하면 어떻게 될까?

노에 자신은 앞에서 언급한 인용문 속에서 "'야나기타 민속학 전체'를 '일본인'이 '자기' 모습을 응시하며 '일본의 행방'을 결정하는 작업"이라고 하고 있다. 가장 빈번하게 원용되는 《구승문예사고》는 패전 후 야나기타가 '민속학'을 '새로운 국학[新國學]'으로 만들고자 활발하게 활동했던 시기에 출판된 것으로, 여기에서 '구전문예口承文藝'는 어디까지나 '나라의 문예'를 지탱하는 '밑바탕'으로 거론된다. 서문에 따르면, 《구승문예사고》의 '임무'는 '우리들 선조'의 '신앙세계'와 '언령言靈사상'을 규명하는 것이고, 야나기타의 꿈은 이 두 가지가 '융합'되어 '일본인들을 세계 속에 특징지어' '하나의 국민성'을 만든다는 점을 '국어의 예술'

로 설명해내는 일이었다고 한다. 더욱이 노에가 '역사 원형' 이라고 인정하는 '어르신들' 의 이야기 행위의 모델은 야나기타의 《국사와 민속학》(초판 1944년, 제2판 1948년)의 '비유' (예)에 있지만, 《구승문예사고》에서도 새롭게 〈국민총체總体의 생활지〉[55]를 편찬하기 위해 기록문서가 부족한 '평민사' 에 대한 연구가 필요하다면서 이렇게 말하고 있다.

> 우리들은 향토를 연구 대상으로 하는 것이 아니었다. …… 향토**를** 연구하려는 것이 아니라 향토**에** 있는 것을 연구하려는 것이었다. 그 '있는 것' 이 뭐냐고 하면 일본인의 생활, 특히 민족 일단一團으로서의 과거 경력이었다(강조는 필자).[56]

여기에서 '서민' '민속학' 은 '민족 일단一團' 으로서 '일본인' 의 생활에 대한, 그리고 '국민총체' 의 생활에 대한 연구다. '비유' (예)가 '이루어야 할, 이루지 않으면 안 될 일' 의 '윤리' 교육이기도 했다는 지적도 이 문맥에서는 '동포국민' 사이를 조화시켜야 할 '도덕 법칙' 의 형성에 기여해야 하는 것이었다. '여러 마을' 에서 '일자무식인 상투 튼 어르신' 이 '교원' 이 되어 행한 '도덕 교육' 이 있었다—야나기타는 "아무리 도리를 모르는 사람들이라도 이마저 **국민교육**이 아니었다고 하는 것은 무척 이상하다" 고 말한다(강조는 필자).[57]

《이야기의 철학》이 의거하는 야나기타 쿠니오의 사상이 이렇게 보이는 이상, 그것은 천황제국가 '일본' 과 그 지배민족 '일본인' 의 역사로 이어지게 된다. '일국一國민속학' 의 원칙을 강조하는 야나기타가 전시 중 일본을 중심으로 '대동아권 민속학' 을 구상한 시기에도, '황실 분들' 도 '서민' 에 포함된다고 분명히 말한 전후 시기에도 이 점은 변하지 않는다. 결국 '역사 서사학' 이 모델로 한 야나기타의 '이야기' 는 사전에 이미 '서민' '민속학' 의 틀에 의해 '국민 이야기' 로의 통합이 예정되어 있었다고 해도 과언이 아니다.

다시 말해 필자의 의문은 야나기타의 '서민' '민속학' 이 '국가와 천황과 민중을 본질적인 점에서 유착시키고 있다'[58]는 비판이 이미 오래전부터 있었음에도 불구하고 왜 노에는 이 점을 전혀 언급하지 않고 야나기타의 '근대 비판' 을 절찬할 수 있었을까 하는 점이다. 노에의 이야기는 '야나기타 쿠니오' 를 말하면서 어째서 이 문제에 완전히 침묵할 수 있었을까? '완전하게 이데올로기적 허식을 벗어버리' 려는 '역사철학' 이 이러한 '선택과 배제' 로 인해 무언가 '이데올로기적' 효과를 발휘하게 되는 것은 아닐까?

노에는 '1930년대 중반에 벤야민이 야나기타 쿠니오와 같은 문제에 직면해 공통된 상황인식을 가지고 시대에 대처하려고 했음은 부정할 필요도 없다' 고 말한다.[59] 그러나 벤야민이 '제국주의 전쟁' 과 '파시즘' 에 '대결할 길을 선택했다' 라고 쓰면서 당시 그가 야나기타 쿠니오와 거의 반대편에 서 있었음을 인정하지 않는다면 벤야민에게 결례를 범하게 되는 건 아닐까? 이러한 의미에서 야나기타 '민속학' 은 '반시대적' 인 것이 아니었다. 조금도 상처를 입지 않은 채 '제국주의 전쟁' 과 '파시즘' 시대에서 살아남았을 뿐만 아니라, 새로운 '국학' 으로서 수많은 '영전榮典' 을 입은 학문이 어떻게 '반시대적' 일 수 있을까?

'망각의 구멍' 과 '망각의 바다'

'역사 서사학' 은 '국민 이야기' 를 물리칠 수 있는 내재적 근거도 갖지 않는다. '역사 서사학' 은 '국민 이야기' 와 양립 가능하며 '국민 이야기' 의 이론적 근거가 될 수도 있다. 사카모토 다카오坂本多加雄나 가메이 가쓰이치로亀井勝一郎뿐만 아니라 노에의 '이야기의 철학' 이 의거하는 야나기타 쿠니오에게서도 '이야기' 와 '국민' 은 훌륭하게 공존하고 있다(물론 이것이 사카모토와 가메이, 야나기타 세 사람의 문제 구성이 완전히 같다는 의미는 아니다). 야나기타 쿠니오의 '이야기' 와 '서민' '민속학' 은 일본 '근대' 의 '국민 이야기' 에 '저항' 했다기보다 그것과 강하게 유착되어 있다. '국민 이야기' 에 대한 비판은 그것이 구체적으로 어떤 이야기이고, 무엇을 배제·은폐·침묵시키고 있는지를 분명히 하며, 그에 대해 구체적으로 '윤리적'·'정치적' 판단을 부가하지 않고서는 실질적인 비판이 될 수 없다. 또한 '역사 서사학' 도 메타이야기로서 그 이야기의 '정치성' 이나 '윤리성' 에 관한 비판을 피할 수 없고, 그 이야기가 말하는 것 또는 말하지 않는 것에 의해 무언가를 배제나 은

폐, 침묵시키고 있는 게 아닐까라는 질문을 피할 수 없을 것이다 ('역사의 서사학' 에 관한 이 언설의 이야기도 당연히 같은 비판과 질문에 열려 있다).

여기에서 노에의 '역사철학' 중 또 하나의 테제를 언급해보자. '이야기할 수 없는 것에 관해서는 침묵하지 않으면 안 된다' 는 '역사 수행론' (어용론pragmatics)의 테제다. 이 테제는 바로 '수행론' 적으로 어떠한 효과를 가지는 것일까?

필자는 이전에 한나 아렌트의 '망각의 구멍' 개념과 클로드 란츠만의 영화 〈쇼아〉 등을 실마리로 역사에서의 '기억 파괴' 와 '증언의 불가능성' 문제를 제기하며 이렇게 쓴 적이 있다.

> 기억되어야 할 사건의 핵심에 〈기억될 수 없는 것〉과 〈말할 수 없는 것〉이 있다고 하면, 그리고 그것이 우리들 역사의 육체 여기저기에 알려지지 않은 〈망각의 구멍〉을 뚫고 있는 것이라면 어떻게 될까.
>
> …… 〈기억될 수 없는 것〉과 〈말할 수 없는 것〉이 신비하게 보이는 것은 언어logos 및 신화mythos로서의 역사, 이야기로서의 역사 명증明證성이 그만큼 견고하고, 우리들에게 역사의 역사성 그 자체처럼 보이기 때문임에 지나지 않는다. 이 명증성에 의거해 〈말할 수 없는 것에 관해서는 침묵하지 않으면 안 된다〉라고 선험적a priori으로 말할 수 있다면, 확실히 기억의 시련 중 태반은 모습을 감추게 될 것이다. …… 그러나 혹시라도 그 때 사람들은 결과적으로 '정복자' 에 의한 '역사의 치세治世' 에 봉사하고, 기억의 말소라는 〈완전범죄〉에 저도 모르게 가담하게

되어버리는 것은 아닐까?[60]

이에 대해 노에는 '망각의 구멍' 등은 '역사 과정을 두루 통람하는 〈신의 눈〉을 가지고서 밖에 메울 수 없는 것' 이기 때문에 납득할 수 없다면서 이렇게 응수했다.

> 나는 역사를 '역사의 육체' 와 '망각의 구멍' 이라는 이미지로 파악하는 것 자체가 약간 잘못된 해석misreading이라고 생각합니다. 그것은 '역사의 육체' 가 언어활동으로부터 독립적으로 존재하고 '망각의 구멍' 이 특수한 예외적 사태라고 생각되어버리기 때문입니다. 내 눈에 '역사의 육체' 는 이야기 행위의 네트워크로 지탱되는 위태로운 존재이며, 거기에는 무수한 '망각의 구멍' 이 뚫려 있는 것처럼 보입니다. 감히 불충분한 대안을 제시하면, 나 자신은 역사를 '망각의 바다' 에 점점이 산재하는 기억의 섬들이라는 이미지라고 생각하고 있습니다.
>
> 인류 역사를 생각해봐도 '이름' 이 기록에 남아 있는 사람들은 거의 한 줌에 불과하고 대다수 사람들은 망각의 바다에 가라앉아 있습니다. …… 이름 없는 사람들이 가라앉은 '망각의 바다' 의 깊이를 측정하는 일이야말로 역사적 상상력에 부가된 사명이 아닐까요.[61]

우선 오해를 풀어 두고 싶다.

첫째, 필자는 '역사의 육체' 가 통째로 '언어활동으로부터 독립적으로 존재' 한다고 생각하지 않는다. 한편 모두를 언어활동에 의해 다 덮을 수 있다고도 생각지 않는다. '역사의 육체'는 이미 말해진 것, 아직 말해지지는 않았지만 말해질 수 있는 것, 아직 말해지지 않았을 뿐만 아니라 이미 말해질 수 없는 것 등으로 이루어진 복합체일 것이다. 언어로 말해지는 역사가 있어야만 '말할 수 없는' '망각의 구멍' 개념이 의미를 갖는다. '역사의 육체'라는 이미지 자체가 역사의 실체화로 통한다고 말할 수 없기 때문에 노에 자신도 실증적 역사과학과 헤겔적 역사철학으로의 양극분해로부터 '역사의 **육체성**과 생동성'을 되돌리는 일이 과제라고 하고 있다(강조는 필자).[62]

'망각의 구멍'이란 앞서 언급한 '이미 말해질 수 없는 것' 중에서도 '기억의 파괴'처럼 망각의 테러를 비롯해 일반적으로 '망각의 정치'로 인해 생겨난 '말할 수 없는 것'을 말한다. 여기에서 둘째, '망각의 구멍'이 '특수한 예외적 사태'로 보인다는 것은 어떤 의미에서는 맞고, 어떤 의미에서는 그렇지 않다. '망각'의 대부분은 의도적인 '기억 파괴'나 '망각의 정치'가 없어도 생긴다는 의미에서는 '망각의 구멍'이 비교적 '특수'한 '예외적 사태'지만, 그곳에 빠진 사람들이 결코 적지 않다는 의미에서는 반드시 '특수한 예외적 사태'가 아니다. 노에는 "'망각의 구멍'이 '특수한 예외적 사태라고 생각되어서'는 안 된다, '역사의 육체'에는 '무수한 〈망각의 구멍〉이 뚫려 있는 것처럼 보이기 때문에'"라고 썼다. 그러나 위의 인용에서 잘 드러나듯이 필자는 원래 '망각의 구멍'이 '우리들 역사의 육체 **여기저기에**' 뚫려 있다고 하면 어떻게 될까라는 질문을 하고 있는 것이다. 필자는 이렇게도 썼다. '〈망각의 구멍〉은 아우슈비츠와 코리마, 그 밖의 장소에 있었을 수 있을 뿐만 아니라, **도처에 있었을 수 있으**며, 아직 있음에도 불구하고 그야말로 〈완벽한 망각〉이기 때문에 우리들의 기억이 미치지 않는 곳이 되어 버렸는지도 모른다'(강조는 원문).[63] 본래 필자의 논의는 '아우슈비츠' 등 몇 가지 사례에서 출발하면서 그것들의 '특이성'에 문제를 수렴시키지 않고, '망각의 구멍'의 '편재가능성'을 지적하려는 데 있었다.[64]

셋째, '망각의 구멍'은 '역사 과정을 두루 통람하는 〈신의 눈〉을 갖고서밖에 메울 수 없는 것이기 때문에' 납득할 수 없다는 논의를 납득할 수 없다. '〈신의 눈〉을 갖고서밖에 메울 수 없다'는 것은 '〈신의 눈〉을 갖고서라면 메울 수 있지만, 인간은 〈신의 눈〉을 가질 수 없기 때문에 메울 수 없다'는 의미일 것이다. 나에게 이것은 지극히 정직한 수사학처럼 여겨진다. 거꾸로 '〈신의 눈〉에 의할 것까지도 없이 우리들 〈인간의 눈〉으로 충분히 메울 수 있다'고 말할 때야말로 도저히 납득할 수 없을 것이다. 노에는 '인류 역사'를 생각해보면 '대다수의 사람들은 망각의 바다에 가라앉아 있다'고 말한다. '망각의 구멍'을 '망각의 바다'로 바꾸면 그 전체를 구석구석까지 '인간의 눈'으로 꿰뚫어 볼 수 있게 된다는 것일까? 또한 '망각의 바다'도 만약 이것을 **구석구석까지 꿰뚫어 보기를 바란다면** '신의 눈'을 가지고서밖에 할 수 없는 것은 아닐까? '망각의 구멍'은 원래 '메울' 수 있는 것으로 상정된 것이 아니다. 그것은 '기억 파괴' 의 기도가 실패하거나 '망각 정치' 의 움직임이 폭로되거나 사건으로부터의 생존자survival가 '말할 수 없는 것' 에 대한 기억 때문에 괴로워하거나 하는 것으로부터 그야말로 '역사적 상상력' 에 의해 가까스로 엿볼 수 있는 데 지나지 않는 것이다.

'이야기할 수 없는 것에 관해서는 침묵하지 않으면 안 되는' 걸까?

노에의 《이야기의 철학》은 '이야기할 수 없는 것에 관해서는 침묵하지 않으면 안 된다' 고 반복해서 언급하고 있다(필자가 잘못 센 것이 아니라면 5번에 걸쳐). 노에에 따르면 이것은 '몹시 점잔을 빼고 있는 상식의 온화한 얼굴을 살짝만 건드리기 십상인 테제' 다. 그러나 필자가 보면 이 테제가 맨 먼저 '건드리는' 것은 오히려 트라우마 기억trauma memory으로 괴로워하며 '말할 수 없는 것' 을 말하려 하지만 다하지 못하고 있는 생존자와 같은 사람들일 것이다.

이 '역사 수행론pragmatics' 테제에 관해 먼저 파악해두지 않으면 안 되는 것은 이것이 명백히 어떤 것을 **금지하는** 테제, 즉 '이야기할 수 없는 것에 관해서는 이야기할 수 없다' 는 단순한 반복tautology일 수 없다는 사실이다. 또한 언어행위로써 수행론적으로performative 어떤 것을 금지하는, 즉 '이야기의 철학' 이 지정하는 기준에 따라 '이야기할' 수 없는 것에 '침묵' 하기를 요구하고, '이야기할' 수 없는 것을 그래도 이야기하려는 시도를 금지하고 있다는 사실이다.

'이야기할 수 없는 것에 관해서는 **침묵하지 않으면 안 된다**.' 여기에는 야나기타 쿠니오가 말하는 '이루어야 하고 이루지 않으면 안 될 일' 을 구별하는 기준이 있고, 따라서 '윤리적 명법' 이 있다. 노에에 따르면 '윤리' 는 '〈……해야 한다〉는 정언명법의 형식' 을 취하기 때문에 '타인을 어떤 방향으로 강제하거나 그곳으로부터 떨어진 자를 재단할 힘을 가지는' 것이었다. 그렇다고 하면 해당 테제는 '이야기할 수 없는 것' 에 관해 '침묵' 을 '강제' 하고 이 '침묵' 을 깨려는 자, 즉 '이야기할 수 없는 것' 에 관해서도 어떻게든 이야기하려고 하거나 '이야기' 가 되지 않는 중얼거림이나 외침, 단어의 단편을 밝히려 하는 자에 대해서는 이를 '재단할 힘' 을 갖게 될 것이다.

그렇다면 '이야기의 철학' 이 지정하는 '이야기' 의 조건이란 무엇인가? 노에는 '이야기 행위' 의 '우선' '요건' 으로 '사건, 전후맥락context, 시간계열' 을 들고 있는데,[65] 쉽게 이해할 수 있는 부분은 '추억' 과 대비시켜 언급하는 대목이다.

> 추억은 본래 간헐적·단편적이며, 명확한 줄거리와 맥락을 갖고 있지 않다. 그 간헐성과 간편성을 보완해 추억에 일정한 줄거리와 맥락을 부여하는 것이 이야기 행위다. 체험의 원근법에 의해 재단되고 감정의

물감에 의해 채색된 추억은 이야기 행위라는 실에 의해 또다시 이어지고 꿰매어져 하나의 의상으로서 형태와 짜임새를 갖춘다. 추억과 역사 서술의 차이는 전자가 비교를 허락하지 않는 독자적인 빛을 가진 주옥 같은 일회성 사건이라는 데 대해 후자는 단편적인 과거사건 사이에 인과라는 실을 펼치며 기승전결의 짜임새를 장만함으로써 '왜 일어났는가' 라는 소박한 의문에 답하면서 사건의 유래를 설명한다는 점이다.[66]

따라서 '이야기할 수 없는' 기억이란 '간헐적' · '단편적' 인 채로 머무르며 어떻게 해도 '일정한 줄거리와 맥락' 에 의해 연결될 수 없는 기억, 서로 '인과라는 끈' 으로 묶여 '기승전결의 짜임새' 를 마련할 수 없는 뿔뿔이 독립된 기억의 무리가 될 것이다.

그런데 이것은 트라우마 기억traumatic memory의 특징과 거의 비슷하다. 사실성literality[直寫性], 우상성iconicity, 강렬한 신체감각, 극도로 곤란한 이야기화 등으로 인해 통상적인 '추억' 과 다르다고 해도 상기한 형식적 특징 면에서는 거의 일치한다고 말해도 좋다. 피에르 자네가 이야기 기억mémoire narrative에서 처음으로 구별한 트라우마 기억의 특징을 주디스 허먼*은 다음과 같이 기술한다.

외상성 기억traumatic memories[트라우마 기억]은 통상적인 성인형 기억처

* [옮긴이주] 주디스 루이스 허먼Judith Lewis Herman(1942~)은 미국에서 태어났다. 근친 성 학대Incest와 외상 후 스트레스 장애PTSD의 이해와 치료에 초점을 맞춘 연구와 교육에 공헌을 하고 있는 정신과 의사다. 하버드 의과대학 정신의학과 교수이며, 저서로는 《트라우마와 회복: 폭력의 영향*Trauma and Recovery: The Aftermath of Violence*》 등이 있다.

럼 언어에 의해 일차원적인 (선 형태의) 이야기narrative로 코드화되지 않는다. 만약 된다면 그 사람이 계속 살아가는 인생 이야기의 일부가 될 수도 있을 텐데. ……

외상성 기억은 말을 가지지 않는 얼어붙은 기억이다. 그것은 도리스 레싱이 그리는 아버지의 모습 속에 잘 포착되어 있다. 아버지는 1차 세계대전 전투에 참가했던 귀환병이다. 아버지는 중대 전원이 전사했는데, 자신은 한쪽 다리를 잃었을 뿐 살아 돌아온 것을 요행이라고 생각했다. …… '아버지의 유소년 시절과 청년 시절 기억은 유동성을 가지고 있고, 살아 있는 기억이란 놈이 모두 그렇듯 옛 것에 새 것이 겹쳐져 있다. 그러나 아버지의 전쟁 기억은 응고되어 고정관념의 이야기가 되었고, 아버지는 이것을 반복하고 또 반복하며 같은 단어, 같은 문장, 같은 몸짓을 섞어가며 계속해서 말했다. …… 아버지 속에 있는 이 어두운 부분은 부동의 여신이 지배하는 세계였고, 진실된 것은 오로지 공포뿐이며 그것이 단편적인 단어를 빌려서 쥐어 짜내져 나오면서 기만당했다는 분노와 더 기만당할 것인가라는 비명이 되었다.'

외상성 기억은 언어에 의한 '이야기narrative' 도 '전후관계context' 도 없다. 그것은 생생한 감각과 이미지 형태로 각인되어 있는 것이다.[67]

반 데아 코크와 반 데아 허트에 따르면, '트라우마 기억은 동화되지 않는 압도적 체험의 파편군scraps' 이다. 파국적 사건의 생존자가 얼마나 철저하게 '단편·파편화된 기억' 과 '불가능한 이야기' 로 내몰려지는가는 여러 가지 증언과 수기 등을 통해 엿볼 수 있다. '트라우마 기억'과 '이야기 기억'의 세계는 너무나 다르기 때문에 동일인물의 내부에서도 단절되어 있다.

> 트라우마를 짊어진 많은 사람들은 소위 두 가지 다른 세계에서 오랫동안 살아온 체험을 했다. 그것은 트라우마 세계와 현재의 보통 세계인데, 두 세계 사이에는 보통 다리를 놓을 수 없다. …… 이 동시성은 트라우마 체험/기억이 어떤 의미에서 시간을 갖지 않는timeless다는 사실과 관련된다. 그것은 스토리로 가공되지 않고 시간으로 정립되지 않으며 시작도 중간도 끝도 갖지 않는다(이야기 기억의 특징은 시작과 중간과 끝이 있다는 것이다).[68]

'스토리'를 가지지 않고, '콘텍스트'(전후관계, 맥락)를 가지지 않으며, '시간계열'(시작, 중간, 끝)을 가지지 않고, '단편적'이며, '응고'되어 있고, '이야기narrative'가 되지 않는 '말을 가지지 않는 얼어붙은 기억.' 이러한 트라우마 기억이야말로 '이야기할 수 없는' 역사의 전형일 것이다. 사상 미증유의 규모로 전쟁, 학살, 식민지 지배 등을 경험한 20세기 '역사의 육체'에는 분명히 인류의 팽대膨大한 트라우마 기억이 각인되어 있을 것이다. 그러나 실증적 역사과학과 헤겔적 역사철학의 양극으로 분해된 저편에서 '역사의 육체성과 생동성'을 회복한다는 '이야기의 철학'은 이 팽대한 트라우마 기억층을 '역사의 육체'로부터 배제시켜버린다. 왜냐하면 '이야기할 수 없는 것에 관해서는 침묵하지 않으면 안 되기' 때문이다.

'말할 수 없는 것을 말하는 힘'

트라우마 기억이 '이야기할 수 없는 것' 이라는 이유는 '이야기할 수 없는 것에 관해서는 이야기할 수 없다' 는 단순한 반복tautology 때문이 아니다. 트라우마 기억은 이야기되지 않으면 언제까지나 생존자를 계속해서 괴롭힐 기억이기도 하고, 그러한 의미에서 안전한 환경의 확보 등 몇 가지 조건을 충족시킨 후에 **이야기되는 일이 필요한** 기억이기도 하다. 트라우마로 괴로워하는 생존자는 스스로를 습격한 사건의 의미를 이해할 수 없고, 그 사건을 '그 사람이 계속 살아가는 인생 이야기의 일부' 로 통합할 수 없음에 괴로워하며, '이야기할 수 없는 것' 을 **이야기하려고 하나 할 수 없음**에 괴로워하는 것이다. 트라우마로 괴롭힘을 당하는 상태에서 벗어나기 위해서는 트라우마 기억을 이야기 기억으로 변환시키지 않으면 안 된다. '외상적인 사건은 결국 간단히 던져 버릴 수 있는 것이 아니며, 어느 시점에서 외상의 기억은 반드시 되돌아와서 주목하기를 강요한다' 고 말하는 주디스 허먼도 과거와 대결할지 말지라는 선택권은 '피해경험자' 에게 있다고 한 후, 이 대결이 '이야기' 의 '재구성' 을 목표로 한다고 언급한다.

얼어붙은 부동의 상상imaginary과 감각의 단편적인 부분 부분을 긁어모아 거기서부터 환자와 치료자는 천천히 언어에 의한 구체적이고 유기적 구조를 가진 시간의 전후관계와 역사적 문맥 사이의 방향 제시를 제대로 갖춘 이야기를 재구성해간다. 이야기가 가장 참기 힘든 순간을 향해 집약되어감에 따라 환자는 언어를 사용하는 일이 점점 어려워진다고 느낀다. 때로는 환자 스스로가 비언어적 커뮤니케이션으로 바꾸는 일도 있다. …… 그러나 최종 목표는 상상imaginary을 포함시켜서 그들의 스토리를 언어로 만드는 일이다.[69]

피해 경험으로부터 회복해 또다시 일어서기 위해서는 '이야기할 수 없는 것'을 이야기로 가져올 필요가 있다. 그렇지만 이 일은 '이야기할 수 없는 것'이 결국 '이야기할 수 있는 것'이라는 의미가 아니다. '이야기할 수 없는 것'을 이야기로 가져올 수 있을지 없을지에 대해 미리 말할 수 없다는 의미다. '이야기할 수 없는 것'을 이야기하는 일은 지극히 곤란하며, 그 시도는 실패를 반복한다. 트라우마 기억의 세계와 통상의 이야기 기억 세계 사이에는 '다리를 놓을 수 없는 것이 보통'이다. 이 단계에서 트라우마 기억은 틀림없이 '이야기할 수 없는 것'이다. 그러나 또한 '이야기할 수 없는 것'을 이야기하고 싶다는 욕구도 존재한다. 어느 홀로코스트 생존자의 중얼거림이다.

체험자가 아니고서는 무엇이 일어났는지를 이해할 수 없다고 사람들은 말해왔다. 나는 한 걸음 앞으로 내디뎌보고 싶다. 우리들은 ……. 역시 안 된다. 이런 것 따위 이미 알고 있었다.

때문에 딜레마인 것이다. 우리들은 무엇을 하고 있는 것일까? 그 일을 말하고 있는 게 아니었던 것인가? 엘리 위젤Elie Wiesel이 몇 번이나 말했다. 적절한 반응을 되돌려준다고 하면 침묵밖에 없다고 말이다. 그렇지만 그를 포함해서 우리들 대부분은 더 이상 말하지 않을 수 없다고 느끼고 있다.

말하는 것은 불가능하다. 그리고 말하지 않는 것 또한 불가능하다(강조는 필자).[70]

말하는 것도 불가능하지만, 말하지 않는 것도 불가능하다. 여기에서 '말할 수 없는 것을 말한다' 라는 풀기 어려운aporia 과제가 생긴다. 일찍이 필자는 이렇게 썼다. '이 [이야기로서의 역사] 명증성에 의거해 〈이야기할 수 없는 것에 관해서는 침묵하지 않으면 안 된다〉고 선험적a priori으로 말할 수 있다면 확실히 기억의 시련 중 태반은 모습을 감출 것이다.' 또한 '기억의 시련' 은 '이야기의 시련' 이기도 하다. '기억하지 않으면 안 되는 사건이 있을 때, 이야기할 수 있는 것에 관해 이야기해야 하는 것은 당연하다. 그렇지만 동시에 여기서는 그야말로 **이야기할 수 없는 것에 관해서도 말하지 않으면 안 되는** 것이다' (강조는 원문).[71]

현재까지 계속되는 20세기 '역사의 육체' 는 아직까지도 '이야기' 가 되려고 하면서도 모두 다 될 수 없는 트라우마 기억으로 가득 차 있다. 그 대부분은 몇 년 또는 몇 십 년 동안 '이야기'에 도달하지 못하고 중얼거림이나 외침인 채였거나 여지없이 침묵을 강요당했다.

그런데 '이야기의 철학'은 '이야기할 수 없는 것에 관해서는 침묵하지 않으면 안 된다'고 단언한다. 때문에 이 언어행위는 '수행론'적으로 '이야기'가 되려 하지만 모두 다 될 수 없는 트라우마적인 기억에 '침묵'을 요구하는 것과 다를 바 없다. '말할 수 없는 것'의 이야기, 그 중얼거림이나 외침, 웅성거림, 단어가 되지 못하는 여러 가지 소리를 수행적으로performative 금지하는 '명령법'이 될 수밖에 없다. 필자는 거꾸로 이렇게 말하고 싶다. '이야기할 수 없는 것'에 관해서도 침묵할 필요 따위는 없다. '이야기'에 도달하지 못한 중얼거림, 외침, 웅성거림이나 그 밖에 여러 가지 소리, 심지어는 침묵조차도 '역사 육체'의 일부다. 주디스 허먼도 말했듯이 '말할 수 없는 것을 말하는 힘the power of speaking the unspeakable'이라는 것이 있다.[72] '망각의 정치'에 대항해 '이야기할 수 없는 것'을 말하려는 시도를 이해하고 격려하며 원조하는 노력을 하고 싶다.

03

역사와 판단

'이야기'의 항쟁

전 일본군 '위안부'들에게 그 피해는 전후 반세기 동안 그야말로 계속해서 '이야기할 수 없는 것'으로 존재해왔다. 정신과 의사 구와야마桑山紀彦 등이 지적하는 대로 그녀들 대부분은 지금도 여전히 '이야기'가 되지 않는, '단편화해 얼어붙은' 트라우마 기억을 안고 외상 후 스트레스 장애PTSD(Post-Traumatic Stress Disorder)로 괴로워하고 있다.[73] 폭력 자체의 충격에 더해 피해를 '수치'라고 하는 가부장제적인 사회규범의 압력이 그녀들의 경험을 한층 '이야기할 수 없는 것'으로 만들었다. 자기 이름을 밝히고 나설 수 있었던 피해자는 오히려 '행운'(마리아 로사 루나 핸슨)이며, 그 배후에는 지금도 여전히 침묵을 강요당하는 피해자가 많이 있다. 이름을 밝히고 나선 피해자들도 이야기하는 것에 대한 불안으로부터 해방되는 일은 없다. 변영주 감독의 영화 〈나눔의 집〉(1995) 첫머리에 등장하는 한국인 피해자 박옥련 할머니의 이야기다.

> 어차피 '저런 할머니들'이라고 말해지겠지? 사람들에게 이런 이야기를 할 수 있다고 생각해? 할 수 없고말고. 우리들이 살아온 이야기를 누구한테 할 수 있다는 거야? 내 어머니에게조차도 말할 수 없는데…….

1990년대 들어 피해자가 잇달아 이름을 밝히며 나오게 된 계기는, '위안부'는 '민간업자가 군과 함께 데리고 다닌 것'이라는 등의 일본 정부의 국회 답변이었다. 이 일본 정부의 '국가 이야기'에 대해 전 '위안부'들은 자신들이 일본군의 피해자이며 일본 국가에게 배상을 요구할 권리가 있다는 그녀들의 '이야기'를 대치시켰다. 그것은 '이야기할 수 없는 것'을 과감히 꺼냄으로써 존엄을 회복하고 구일본군의 전쟁범죄를 '증언'할 산증인이 되는 일이었다. 역사가인 요시미 요시아키吉見義明가 구일본군에 의한 '위안소'의 설치·통제를 보여줄 공문서를 '발견'하자, 일본 정부는 입장을 바꾸어 '군의 관여'를 인정했고, 한국에서 미야자와宮沢 수상과 호소가와細川 수상이 '사죄' 발언을 행했다. 그렇지만 이들은 전쟁범죄로서의 법적 책임은 인정할 수 없으며 국가 보상도 할 수 없다고 했고, 그 사이 '〈위안부〉는 상행위였다', '당시 공창이었다', '필요악이었다' 따위의 책임을 부정하는 '이야기'가 등장했다. 90년대 후반에는 '전 〈위안부〉가 돈 욕심에 거짓말을 하고 있다', '〈위안부 문제〉는 국내외 반일세력의 날조', '자학사관에 반대하고 일본인으로서의 긍지를 회복하라'는 등의 '역사수정주의'적 '국민 이야기'가 대두되었다. 피해자의 '증언'을 존중하기는커녕, 두 번째 강간second rape이나 다름없는 공격을 가하며 피해자를 또다시 침묵으로 몰아넣음으로써 일본의 가해 책임을 어떻게 해서든지 부정하려는 세력의 움직임은 마치 주디스 허먼의 다음 기술을 충실하게 본뜨고 있는 것 같다.

> 가해자는 자기가 저지른 죄에 대한 설명책임accountability을 피하려고 망각에 도움이 되는 일이라면 가능한 한 뭐든지 한다. 비밀을 지키고 입을 다물게 만드는 일이 가해자의 첫 번째 방어선이다. 만약 비밀이 폭로됐다면 가해자는 피해자 증언의 신빙성을 따진다. 완전히 입을 다물게 할 수 없다면 가해자는 누구든 그녀의 말에 귀를 기울이지 않도록 만든다. 이 목적을 위해 그는 당당하게 논진을 펼친다. 지극히 후안무치厚顔無恥한 부인으로부터 시작해 지극히 고상하고 부드러운 합리화까지 줄줄이 준비한다. 학대행위가 끝날 때마다 들리는 변명의 내용은 듣기 전부터 알 수 있다—결코 그러한 일은 일어나지 않았습니다, 피해자는 거짓말을 하고 있습니다, 과장된 것을 말하고 있습니다, 그녀가 스스로 초래한 일입니다, 어느 쪽이든 과거를 잊고 전향적이 되어야 합니다 운운. 가해자의 권력이 크면 클수록 현실에 걸맞은 이름을 부여하고, 그렇다고 단정하는 주도권이 크기 때문에 이러한 논법은

완벽하게 통해버린다.[74]

'법적 책임'의 문제

일본 국내에서 일본의 책임을 부인하는 '국민 이야기'의 영향이 증대한 데 반해 국제적으로는 '위안부' 제도가 국제법을 위반한 범죄라는 인식이 거의 정착했다고 할 수 있다.

우선 1994년, 유력한 NGO단체인 ICJ(국제법률가위원회)가 일본군 '위안부' 사건은 일본이 비준한 국제조약 및 관습국제법 위반일 뿐만 아니라, 국제인도법 위반 전쟁범죄와 '인도人道에 대한 죄'에 해당되기 때문에 책임자의 형사소추와 피해자에 대한 국가보상이 필요하다는 보고서를 냈다. 1996년에 유엔인권위원회는 '위안부' 제도가 국제인도법 위반인 '성노예제sexual slavery'였다며, 일본 정부에게 법적 책임의 인지, 개인 보상, 공식 사죄, 문서 사료의 완전 공개, 역사교육상의 배려, 책임자 처벌을 권고하는 크마라스와미 보고서를 채택했다. 이미 1995년에 '위안부' 제도가 강제노동금지조약위반인 '성노예제'에 해당된다고 규정했던 ILO(국제노동기관) 전문가위원회는 일본 정부의 반론을 검토한 후, 1997년에 조약위반 사실을 재차 확인하면서 일본 정부에게 책임자를 처벌할 의무가 있다고 했다. 1998년, 유엔인권위원회 소위원회는 일본 정부가 인정한 사실만을 바탕으로 일본의 법적 책임을 상세하게 논증한 후, 책임자 처벌의 가능성과 필요성에 초점을 맞춘 맥두걸 보고서를 채택했다. '법적 책임이 있다' 고 한 이러한 판단들은 일본 정부가 해당 기관에서 필사적인 반론을 반복하는 가운데 내려진 것으로 90년대를 통해 '위안부' 문제에 관한 국제법 논쟁은 '완전히 끝났다' 고도 말할 수 있다.[75]

이와 같은 인식의 국제적 정착은 마찬가지로 90년대를 통해 '전시성 폭력' 문제가 국제인도법상 큰 초점이 된 사실과 상응하고 있다. 1993년 빈 세계인권회의에서는 '성노예제' 등의 '여성 인권' 침해에 대한 '실효적 대응' 을 진전시키는 선언이 발표되었다. 1995년 베이징세계여성회의에서 채택된 '행동강령' 에는 사실상 '위안부' 문제를 가리켜 "'성노예제' 피해에 관한 '진상규명, 가해자 처벌, 충분한 보상' 이 필요하다"고 명시했다. 유엔이 설치한 르완다국제형사재판소ICTR에서는 1998년 9월 아카예수Jean-Paul Akayesu 사건 1심판결에서, 구유고슬라비아국제형사재판소ICTY에서는 같은 해 12월 후룬자Anto Furundžija사건 1심판결에서 '강간rape' 을 포함한 '인도人道에 대한 죄' 에 유죄판결을 내렸다. 또한 같은 해 7월 로마전권외교회의에서 채택된 상설국제형사재판소ICC 설립조약에서는 ICC가 관할권을 갖는 '가장 중대한 범죄' 로 '침략', '대량 학살genocide', '통례적인 전쟁범죄' 와 나란히 '인도人道에 대한 죄' 를 제시했고, '인도에 대한 죄' 속에 '강간, 성노예화, 강제매춘, 강제단종 또는 그 밖에 동등한 중대 성폭력' 을 명기했다.

'위안부' 제도를 '일본군 성노예제' 라고 부르며 중대한 국제인도법 위반이라고 간주하는 국제여론과 법적 책임을 일관되게 부인하는 일본 정부, 그리고 '역사수정주의' 적인 '국민 이야기' 가 발호하는 일본의 국내여론. 안팎의 단절은 너무나도 깊다. 여기에서 특히 주목해야 하는 것은 책임자 처벌 문제다. 책임자 처벌은 1990년 10월에 한국의 37개 여성단체가 일본 정부에 요구한 6개 항목 요구에 이미 들어 있다. 1994년 2월, 한국의 피해자 27명과 한국정신대문제대책협의회는 책임자 처벌을 요구하는 고소·고발장을 도쿄지방검찰청에 제출했지만 접수를 거절당했다. '위안부' 문제에 대처하는 일본 사람들 사이에도, 요구는 어디까지나 '사죄' 와 '보상' 에 있지 '도저히 책임자 처벌 따위는 할 수 없다' 면서 이 문제를 금기시하는 분위기가 강했다. 국제적으로 제기되어온 처벌 요구는 기본적으로 '책임자' 에 대한 처벌 요구이며 '위안부' 를 이용한 모든 병사를 벌하려는 것이 아니지만, '병사 한 명까지 처벌되는 건 아닐까' 라는 우려도 이 문제에 대한 직시를 방해했다.

그런데 만약 일본군 '위안부' 제도가 전쟁범죄라면 그 책임자가 처벌되는 것은 당연하다. '인도人道에 대한 죄' 처럼 범죄가 중대하면 중대할수록 책임자 처벌의 정당성은 높아진다. 그러나 국제기관에 의한 책임자 처벌 권고는 국제법 논리의 상세한 검토에 입각한 결론이기는 해도 정식 재판의 판결이 아니다. 책임자 처벌은 먼저 용의자를 수사하고 실제 재판에서의 심리를 거쳐 유죄판결을 내린 후에 비로소 행해져야 하는 것이다. 즉 처벌punishment에 앞서 판결judgement이 있어야 한다. 판결이란 범죄 혐의에 대해 법에 따라 공적으로 판단하는 것이다. 유죄판결이 내려지기 전까지는 당연히 무죄 가능성도 유보된다. '위안부' 문제의 현재 상황은 고도로 전문적인 국제기관의 법적 판단에 따라 피해자와 지원 그룹의 책임자 처벌 요구에 근거가 있다는 확인이 반복해서 이루어지고, 용의자의 공식적인 소추prosecution 요구가 높아지고 있는 단계라고 말할 수 있을 것이다.

일본 정부와 사법은 이 요구를 무시하고 있다. 일본 정부는 스스로 법적 책임을 부인하고, 사법 당국은 고소·고발장의 접수조차 거부하고 있다. 제1부에서 검토한 대로 '대일본제국'이 저지른 전쟁범죄의 전후 처리에 전후 일본 국민이 정치적 책임을 진다고 하면, 무엇이 그 정치적 책임의 기초가 되어야 하는지 여기서 분명해진다. 그것은 일본군 '위안부' 제도가 전쟁범죄(광의廣義)였는지 아닌지, 일본 정부가 법적 책임을 져야하는 게 부당한지 아닌지에 대한 **판단**을 내리는 일이다. 각자가 각각 스스로의 판단을 내리는 일이다. 국제법 위반이 아니라면 법적 책임은 생기지 않고, 전쟁범죄가 아니라면 책임자 처벌은 필요하지 않다. 처음부터 과거 전쟁이 '침략'이었는지 아닌지, 전쟁범죄가 있었는지 아닌지라는 판단이 이루어지지 않으면 전쟁에 대한 어떤 책임도 질 방법이 없다. 부당한 식민지 지배였는지 아닌지를 판단하지 않으면 식민지 지배에 대한 책임을 질 도리가 없다. 합법/불법의 판단 없이는 어떤 법적 책임도 있을 수 없고, 정/부정, 정당/부당의 판단 없이는 어떤 책임도 있을 수 없다. 사죄, 배상(보상), 책임자 처벌 등 모든 전후책임의 전제가 되어야 할 것은 '판단'이다. '판단'이야말로 모든 전후책임의 기초인 것이다. 피해자와 지원단체, 국제기관은 각각 법적 판단을 제시하고 있다. 각자가 스스로 판단하고 서로의 판단을 공적으로 대조하며 서로를 비판적으로 검토해 정부의 판단에 잘못이 있다고 생각될 때는 그것을 바꾸는 일이야말로 전후 일본 국민이 져야 할 가장 중요한 정치적 책임이라고 할 수 있을 것이다.

'다양한 이야기가 있다'로는 해결되지 않는다

여기에서 또다시 '서사론'을 문제시해보자.

제2부에서는 '역사는 이야기다'라는 '역사 서사학'의 주장이 '국민 이야기'론에 대한 비판으로 왜 불충분한지를 언급했다. 문제의 중심은 '국민 이야기'의 정당성에 대한 비판적 **판단**이 '서사론' 자체로부터는 나오지 않는다는 데 있었다. '위안부' 제도의 '범죄성'을 둘러싼 위의 대립 상황에서도 '역사 서사학'의 비판적 기능은 한정되어 있다. 왜냐하면 '모든 역사는 이야기이기' 때문에 '이야기의 수만큼 역사가 있다', '역사의 다원성을 인정해야 한다'는 것만으로는 해결되지 않는 사정이 있기 때문이다.

예를 들어 우에노 치즈코上野千鶴子는 이렇게 말한다.

'위안부' 와의 '교정交情' 을 그리운 듯이 말하는 전 일본 병사의 '현실' 과 '위안부' 경험을 공포와 억압으로 말하는 피해자 여성의 '현실' 사이에는 메우기 힘든 격차가 있다. 관계 당사자 한쪽과 다른 한쪽이 가지고 있는 '경험' 의 격차가 이 정도로 클 때, 양자가 '하나의 경험' 을 공유하고 있다고 말할 수 있을까? ……

'다양한 역사' 를 인정한다는 것이 이런저런 해석의 패러다임 속에서 오로지 하나의 '진실' 을 택한다는 것을 의미하지는 않는다. 역사가 자신의 눈에 보이는 것과는 완전히 다른 모습을 취할 수 있다는 가능성을 인정한다는 것이다. 역사가 동시에 다수[複數]로 존재한다는 사실을 받아들인다는 뜻이다. 역사는 언제든 복합적·다원적일 수 있다. 여기에서는 오로지 하나의 '정사正史' 라는 생각이 포기되지 않으면 안 된다. 역사 속에서 소수자, 약자, 억압된 자, 버려진 자들 …… 그것이 단 한 명이라도 '또 하나의 역사' 는 쓰일 수 있다.[76]

두 가지 의문이 떠오른다.

우선, 이미 언급한 대로 사카모토 다카오坂本多加雄 유형의 '국민 이야기' 론은 우에노가 의거한 '구성주의' 를 그대로 짜넣고 있다. 그렇다면 우에노의 '다원적' 역사관은 사카모토가 생각하는 '국민 이야기' 를 '다양한 역사' 의 하나로 인정하는 것일까, 인정하지 않는 것일까?

둘째로 보다 본질적인 의문이 있다. '전 일본 병사' 가 '말하는' '현실' 과 전 '위안부' 가 '말하는' '현실' 은 단지 두 가지 '전혀 다른' '현실'로 공존하는 게 아니라, 격렬한 항쟁관계에 있다. '단순한 상행위였다', '필요했다', '유일하게 즐거운 추억이었다'라는 '전 일본 병사'의 이야기와 '강간이었다', '범죄였다', '두려운 폭력이었다'라는 피해자들의 이야기는 평화롭게 공존할 수 없을 것이다. 현실에서 일어나고 있는 사태는 피해자들이 사죄나 보상, 책임자 처벌까지 요구하는, 즉 '우리들 이야기의 정당성을 인정하라'는 것이기 때문이다. '당신은 〈상행위〉라고 생각했을지도 모르지만 나에게는 강간이었다'는 피해자 주장은 '〈상행위〉였던 게 아니라 강간이었음을 인정하고 책임을 져라'라는 요구일 것이다. 만약 역사가 '자신의 눈에 보이는 것과는 완전히 다른 모습을 취할 수 있다는 가능성을 인정하는' 것만으로 해결된다면, '전 일본 병사'는 이렇게 잘라 말할 수도 있을 것이다. '과연 당신에게는 강간으로 보였을지도 모른다. 그것이 당신의 〈현실〉이었음은 인정하겠다. 그러나 나에게 그것은 상행위 이외에 아무것도 아니었다. 그것이 내 〈현실〉이었기 때문에 두 사람은 〈다른 역사〉를 산 것이다. 나는 〈현실〉적으로 강간을 하지 않았기 때문에 책임을 질 필요도 없다.'

이것은 '평상시'의 성폭력, 강간 사건 등에서도 마찬가지다. 남자에게 '합의에 의한 성관계[和姦]'였던 것이 여자에게 '강간'이었을 경우, 양자는 '하나의 경험'을 공유하고 있지 않다. 이런 상황에서 서로 상대가 자신과 '완전히 다른' '현실'을 살았다고 인정하자는 이야기만으로 해결될까? 성폭력 재판의 구조적 문제점은 이미 알려져 있지만, 그럼에도 불구하고 여성이 과감히 재판에 호소했다고 하자. 재판관은 판단, 즉 판결을 내리지 않을 수 없을 것이다. 무죄판결이 나온다면 여성과 그 여성의 지원자들은 '부당판결' 이라고 항의하며 다른 판단이나 판결을 요구해 항소할지도 모른다.

전 일본 병사의 '현실' 과 전 '위안부' 의 '현실' 이 '완전히 다르다' 는 점이 양자의 '현실' 이 동등한 권리, 동등한 정당성을 가진다는 것을 의미한다면, '가해' 와 '피해' 관계를 말할 수 없을 것이다. 그러나 우에노는 당연하게도 **'피해자** 여성의 〈현실〉' 이라고 말한다. 우에노의 " '피해자' 라고 하지 말고 대신 '생존자' 라고 부르자"라는 제안이 설마 '가해' 와 '피해' 관계의 부인은 아닐 것이다.[77] 위에서 '단순한 상행위였다' 등의 이야기는 '가해자' 성의 부인을 포함한다. 그렇지만 전 '위안부' 들은 마땅히 '피해자' 로서의 인지를 요구하고 있기 때문에 이 같은 '가해자' 성을 부인하는 이야기를 인정할 수는 없을 것이다.

'약자' 에게 '투쟁' 이란?

우에노는 이렇게도 썼다.

오히려 단일한 '사실' 이 아니라 다수[複數]의 '현실' 이 존재한다고 생각하면 거기에는 일본군에 의한 '위안부' 제도라는 '현실'과 피해 여성에 의한 '강간'이라는 '현실' — 두 가지 다른 '현실'이 살고 있다. 지금도 여전히 '위안부'와의 교류를 그리운 듯이 말하는 전 일본 병사들과 '위안부' 사이에 이 정도로 큰 '현실'의 격차가 있을 때, 전 일본 병사들은 공유한다고 믿고 있던 경험에 상상도 못해본 다른 모습을 맞닥뜨리게 되어 당황할 것이다.

두 가지 '현실' 사이가 아무리 크더라도 어느 쪽인가 한쪽이 옳고 다른 한쪽이 틀렸다는 것은 아니다. 단, 권력관계가 비대칭이라는 점에서 강자의 '현실'이 지배적인 현실이 되어 소수자에게 '상황 정의定義'를 강제한다. 약자에게는 그것을 거역하고 지배적인 현실을 뒤집어버릴 '또 하나의 현실'을 낳는 일, 그 자체가 투쟁이며 지배적인 현실로 인해 부인된 자기를 되찾는 실천이다.[78]

'일본군 〈위안부〉 제도라는 〈현실〉'과 '피해 여성에 의한 〈강간〉이라는 현실'은 '두 개의 다른 〈현실〉'이고, '어느 쪽인가 한 쪽이 옳고, 다른 쪽이 틀리다는 것은 아니다.' 물론 이것은 '둘 다 옳다'는 의미도, '둘 다 틀리다'는 의미도 아닐 것이다. 애당초 정당/부당의 판단을 행하지 않는다는 의미일 것이다. 그렇지만 이렇게 되면 '일본군 〈위안부〉 제도라는 〈현실〉'이 실은 부당한 성폭력 시스템이었다는 판단은 공중에 떠버리게 된다. '부당한 성폭력이었다'는 판단은 '전 〈위안부〉들의 〈현실〉'에 그치는 것이고, '옳다'고도 '그르다'고도 할 수 없다는 것이 되기 때문이다. 마찬가지로 가해

책임을 부인하려는 일본군 측의 모든 이야기는 일본군의 〈현실〉로서 원리적으로 '그르다' 고 말할 수 없게 될 것이다. 이는 단지 '위안부' 문제에서 그치는 사안이 아니다. 우에노의 생각에 따른다면, 일반적으로 '사실' 에 관해 서로 대립·항쟁하는 다수[複數]의 이야기, 다수의 '현실' 이 있을 때, 어떠한 정당/부당의 판단도 할 수 없게 되는 건 아닐까? 결과적으로 우리들은 안팎에서 일어나고 있는 법적 책임 및 책임 일반을 둘러싼 이야기의 항쟁 속에서 어떠한 정당/부당의 판단도 내릴 수 없게 되어버리는 것은 아닐까?

우에노는 확실히 '투쟁' 의 필요를 설명한다. '강자' 의 '지배적인 현실' 을 뒤엎을 '또 하나의 현실' 을 낳는 것이 '약자' 로서의 '투쟁' 이고, '자기를 되찾는 실천' 이라고 말이다. 전 '위안부' 들의 '투쟁' 은 '강자' 의 '지배적인 현실' 에 대해 '또 하나의 현실' 을 낳고 '자기를 되찾는 실천' 이었다. '이야기할 수 없는 것' 을 '이야기' 로 가져오는 실천이 그 출발점에 있었다. 그 '투쟁' 은 지금도 계속되고 있다. 그럼에도 불구하고 여전히 의문은 남는다.

첫째, 일반론으로서 이야기의 항쟁을 정당/부당의 판단을 뺀 '강자' 의 '지배적인 현실' 에 대한 '약자' 의 '또 하나의 현실' 을 낳는 '투쟁' 이라고 하는 것이 과연 타당할까? 우에노는 자신이 '사회구축주의' 를 취하는 이상, '예를 들어 〈나치 가스실은 없었다〉고 주장하는 역사수정주의자들과의 〈역사와 표상〉을 둘러싼 싸움을 피한 채 통과할 수는 없다' 고 말한다.[79] 독일 및 서유럽에서는 ' 나치 가스실이 있었다' 는 사실이 '지배적인 현실' 이고, 홀로코스트 부정론자는 단지 '소수파' 일 뿐만 아니라, 그 활동이 형사소추의 대상이 될 수 있는 '약자' 이기도 하다. '권력관계' 가 압도적으로 '비대칭' 인 곳에서 그들은 '지배적인 현실' 을 뒤엎을 '또 하나의 현실' 을 위해 싸우고 있고, '지배적인 현실에 의해 부인된 자아' 를 되찾는 실천에 열중하고 있다. 그렇다면 이 홀로코스트 부정론자의 '싸움' 에 우에노는 어떻게 개입할 것인가? '나치 가스실이 없었다' 와 '있었다' 의 '싸움' 에서 '어느 쪽인가 한쪽이 옳고 다른 쪽이 틀리다는 것은 아니다' 라며 정당/부당의 판단을 배제한 채 어떻게 관여할 것인가? '약자' 나 '소수자' 의 '투쟁' 도 역시 무언가 '옳음' 에 대한 공공의 약속commitment을 필요로 하는 건 아닐까?

'법' 과 '정의' 를 둘러싼 싸움

둘째, 전 '위안부' 들의 '투쟁' 을 정당/부당의 판단을 뺀 '강자' 의 '지배적 현실' 에 대한 '약자' 의 '또 하나의 현실' 을 낳는 '투쟁' 으로만 볼 수 있을까? 우에노는 당연하게도 '위안부' 피해자들의 '투쟁' 이 '부인된 자기를 되찾는 실천' 임을 강조한다. 그것은 '과거' 를 '자기 자신의 삶 속으로 회복시켜 과거를 고쳐 말하려는 시도' 이고,[80] '나' 의 이야기를 구축하려는 기도인 것이다. 그러나 '위안부' 피해자들의 이러한 실천은 단지 책임을 부인하는 일본군이나 일본 정부의 이야기와 평화롭게 공존할 수 있는 '또 하나의 이야기'를 구축할 수 있으면 된다는 것이 아니다. 적어도 피해자로서 이름을 밝히고 나선 단계에서 그녀들의 '자기' 회복의 실천은 일본군과 일본 정부의 이야기를 '뒤엎고' 철회시켜 책임을 지우려는 공적 요구를 포함하고 있다. 그녀들은 '군도 정부도 관여하지 않았다'는 일본 정부의 이야기가 '허위'임에 분노해 이름을 밝히고 나섰으며, '단순한 상행위였다'는 등의 전 일본군 병사의 이야기가 잘못이고 부당하다면서 법적 책임의 인정을 요구하며 싸워온 것이다.

그녀들의 '투쟁'은 '어느 쪽인가 한쪽이 옳고 다른 쪽이 틀렸다는 것은 아니다'라는 수준이 아니다. '자신들은 범죄의 피해자였다'는 그녀들 이야기의 정당성이 인정되지 않으면 정식 사죄도 국가 보상도 책임자 처벌도 없을 것이다. 자신들의 이야기에 대한 정당성 인정이야말로 그녀들이 요구해온 것이다.

무수한 예를 들 수 있지만, 여기에서는 필리핀 성폭력 피해자인 파우라 아티료의 증언을 인용해두자.

> 더 이상 침묵하지 않겠습니다. 나는 일본 정부에 대해 그들이 내게 한 짓이 범죄였음을 인정하라고 요구합니다. 나는 일본 정부가 내게 사죄할 것을 요구합니다. 그리고 사죄 의사에 대한 증명으로 법적 배상을 요구합니다. 나는 일본 정부를 향해 정의를 요구합니다. 그것이 내가 말하고 싶은 것입니다.[81]

그녀들의 '자기' 회복 투쟁은 '법'과 '정의'를 둘러싼 투쟁이기도 하며, 어기에서는 합법/불법, 정/부정, 정당/부당의 판단을 회피할 수 없다. 그리고 이 일은 결코 우연이 아니다. 주디스 허먼은 일반적으로 트라우마 체험으로부터의 '자기' 회복 과정에서 공적·사회적 평가의 유무가 중요한 포인트가 된다며 다음과 같이 지적했다.

> 사회 측으로부터의 반응이 어떠할지는 외상(트라우마)이 최종적으로 해소되는지 아닌지를 강하게 좌우한다. 외상을 입은 사람과 사회 사이의 균열을 수복하는 작업은 첫 번째로 대중이 외상적 사건을 바르게 인지해 평가하는 일이고, 두 번째로 사회가 어떤 행동을 취할지에 달려 있다. 어떤 사람이 장애를 입었다는 것이 공적으로 인지되면 사회는 곧바로 누구에게 책임이 있는지를 확정하고 받은 상처를 수복하기 위한 행동을 취하지 않으면 안 된다. 올바른 인식과 상처 수복이라는 이 두 가지 응답은 피해자의 질서감각과 정의감각을 재건하는 데 빠뜨릴 수 없는 것이다.[82]

'위안부' 피해자의 '증언'은 왜 '증언'인가? 허먼은 '증언'의 의미에 관해서도 말한다.

> 이야기함으로써 외상 스토리는 증언이 된다. 잉겔 아츠겔과 셀렌 옌센은 정치적인 박해 난민을 치료하며 증언이 치료의식으로서 보편성을

갖는다고 기록했다. 증언은 사적인 차원의 것이기도 하다. 즉 정신적 인 것, 고백이다. 이와 동시에 공적인 면도 있다. 즉 정치적, **심판적** judicial이다. '증언testimony' 이라는 말은 이 쌍방을 하나로 합쳐 환자의 개인적 체험에 보다 새롭고 큰 차원을 부여한다. 외상 스토리가 이렇게 변화한 경우, 리처드 모니카는 그것을 간단히 '새로운 이야기new story' 라고 부른다(강조는 필자).[83]

전 '위안부' 들이 '피해자' 로 이름을 밝히며 나서 일본군과 일본 국가를 '가해자' 로 고발했을 때부터 그녀들의 이야기는 '증언' 이 되고 공적으로 '심판적' 이 되었다. 그녀들의 '심판' 은 일본군과 일본 국가가 '유죄' 라는 것이다. ICJ와 ILO전문가위원회나 유엔인권위원회 등의 법적 판단도 그녀들을 지지했다. 그런데 일본 정부는 법적 책임을 부인하고, 일본 국민 사이에서도 책임을 부인하는 '국민 이야기' 가 대두되고 있다. 이러한 상황 속에서 정당/부당의 판단을 빼고 '위안부' 피해자의 이야기에 관여할 수는 없을 것이다.

'판단하는 것' 의 의미

우에노는 적절하게도 전 '위안부' 들의 투쟁을 '역사에 대한 〈재심〉' 이라고 부르고 있다. '과거는 현재의 문제관심에 따라 끊임없이 〈재심revision〉에 노출되' 는 것이라는 입장에서 '나 역시 〈역사재심론자revisionist다〉' 라고 선언한다.[84] 그러나 '재심' 이란 분명히 사법 용어이고, '재심' 청구는 확정판결에 대해 새로운 '판결, 즉 판단' 을 요구하며 제출되는 것이다. 역사가 끊임없는 '재심' 과정이라면 그것은 본질적으로 '심판적' 차원을 포함하는 것이 된다.

한나 아렌트는 아이히만 재판에 임하며 '자신이 그 자리에 있었고 그 일에 관계한 것이 아니라면 판단을 내릴 수 없다' 라든지 '스스로 판단을 내리는 사람들은 독선적이다' 라며, 판단으로부터 도피하려는 여론 경향에 대해 '그것이 옳다고 하면 재판의 운영도 역사 기술도 명백하게 불가능하다' 고 말하며, 판단 즉 판결의 필요성을 옹호했다.[85] 한편, 마르크 블로크*와 같은 역사가는 '역사가의 사명' 을 재판관의 그것으로부터 구별하고자 노력하며 이렇게 말했다. '역사가를 재판관과 같다고 간주하는 일은 역사적 인식을 단순화하고 빈약하게 만들게 된다. 한편 재판관을 역사가로 해버리면, 정의justice 실천이 회복 불가능한 상태까지 손상되어버린다.'[86] 확실히 역사 서술을 재판 모델로 말하는 것에는 분명히 한계가 있고, 역사 서술의 가능성을 터무니없이 좁혀버린다. 물론

* [옮긴이주] 블로크Marc (Léopold Benjamin) Bloch(1886~1944)는 프랑스의 역사가다. 1920년 박사학위를 받았고, 스트라스부르대학교에서 교편을 잡았다(1919~36). 첫 번째 중요한 저서인 《기적을 행하는 왕: 영국과 프랑스에서 왕권의 초자연적 성격에 관한 연구*Les Rois Thaumaturges*:*Étude sur le caractère surnaturel attribué à la puissance royale, particulièrement en France et en Angleterre*》(1924)는 왕이 질병을 다스릴 수 있다는 중세적 믿음에 대한 연구다. 1940년 프랑스가 독일에게 항복한 뒤 레지스탕스에 가담했다가 1944년 붙잡혀 총살형을 받았다. 사후에 《이상한 패배: 1940년에 작성된 증거 문서*L'Étrange défaite*:*Témoignage écrit en 1940*》(1946), 《역사가를 위한 변명*Apologie pour le métier d'historien*》(1949) 등이 출판되었다.

이야기 즉 서술histoire 방식의 다양성, '역사 시학詩學'의 다양성은 옹호되지 않으면 안 되지만, 다수[複數]의 이야기 사이에 '정당성'을 둘러싼 항쟁이 있을 때, 다원주의는 '비판적' 다원주의가 되지 않을 수 없고, '비판critic'의 원래 의미[그리스어로 클리네인klinein은 시비를 가린다, 판정한다는 뜻이다]에 따라 정당/부당의 판단을 하지 않을 수 없다. 전쟁책임이나 전쟁범죄를 물을 때는 특히 그러하다. 역사 서술이 '심판적' 차원과 무관해야 한다면, '위안부' 문제의 현재는 단순한 역사 서술의 문제를 초월하고 있다고 말해도 좋을 것이다.

역사와 심판을 논하면 반드시 등장하는 것이 '역사를 현재 입장에서 심판할 수 없다'는 비판이다. 우에노도 전전戰前의 페미니즘 사상가에 대한 스즈키鈴木裕子의 평가를 비판할 때 역사상의 '잘못'을 지적하는 시점은 '항상 사후적이며 초월적인 것이 되지 않을 수 없다'고 말함으로써 이 관점에 서 있는 것처럼 보인다. 우에노에 따르면, 스즈키가 전전의 페미니스트들을 언급하면서 그녀들이 '국민화'의 함정을 간파하지 못했으며 '천황제'를 이상화했다고 비판한 배후에는 '〈국민화〉나 〈천황제〉가 악이라는 절대적인 시점, 바꿔 말하면 전후적인 시점'이 존재한다. 우에노는 다음과 같이 말한다. '〈국가〉의 한계와 〈천황제〉의 악은 역사에 의해 사후적으로 선고된 것'이기 때문에 이 비판은 '부당한 〈단죄〉'가 아닐까? '역사의 진공지대에 토대를 두는 듯한 초월적인 판단기준' 따위는 없으며, '현재로부터 과거를 심판하는 것은 언제나 역사의

사건이 끝난 후에 생겨난 지혜임에 틀림없다.'[87]

이 논의는 '어느 쪽인가 한쪽이 옳고 다른 쪽이 틀리다는 게 아니다' 라는 우에노의 상대주의적 논리의 연장선상에서 생각하면 확실히 들어맞는 논의이기는 하다. 그러나 '역사는 항상 현재로부터의 〈재심〉' 이라며 스스로 '역사재심론자' 를 칭할 정도인 우에노의 기본적 입장과 어떻게 절충될지는 쉽게 납득이 가지 않는다.

첫째, '사후적' 판단을 '사건이 끝난 후에 생겨난 지혜' 라고 배척한다면 어떤 '재심' 도 불가능하게 된다. 모든 '재심' 은 '사후적' 이고, 원래 모든 '심판' 은 '사후적' 이다. 뉘른베르크 재판이나 도쿄 재판, 전후 반세기를 넘어서 여전히 행해지는 나치전범 재판을 꺼내들 필요도 없이 통상적인 모든 재판은 '사후적' 이다. 사건에 대한 평가로서의 '판단' 은 어떤 경우에도 사건에 대해 시간적으로—설령 그것이 아주 조금 늦다고 해도—늦는다는 것을 전제로 한다. 역사에서의 '심판' 이 '사후적' 이라는 점은 '심판' 의 본질구조에 속하며, 오히려 이 점은 '심판' 의 역사성을 보여주는 것이지 '절대' 성이나 '초월' 성과 결부되는 것이 아니다. 현재로부터 역사를 '다시 심판하는' 일이야말로 역사의 '재심' 일 것이다. 전 '위안부' 의 고발도 역사에 대한 '재심' 청구로서는 명백히 '사후적' 이다.

둘째, '천황제' 나 '침략전쟁' 이 '악' 이라는 시점은 반드시 '전후적인 시점' 이 아니다. 많은 '일본인' 에게는 '전후적 시점' 이었다고 해도 전쟁 전이나 전쟁 중의 '일본인' 에게도 그런 인식을 가진 사람들이 있었으며, 하물며 피침략 민족의 대부분은 당연히 그렇게 인식했다. 그러한 인식은 '절대적인 시점' 이나 '역사의 진공지대' 에 서지 않으면 가질 수 없는 것이 아니라 마땅히 당시 역사의 한복판에서 사건을 경험하면서 사건에 대해 평가·판단함으로써 획득된 것이다. 어떤 시대에도 이야기의 항쟁이 있고, 다른 판단끼리의 대결이 있다. 현재로부터의 과거 비판이 곧바로 '부당한 〈단죄〉' 가 되는 것은 아니며, 역사에 대한 정당한 '재심' 과 부당한 '재심' 이 있을 수 있다.

역사 속에서는 어떤 판결도 최종 결정적인 것이 아니다. 모든 판결은 잘못될 수 있으며 '재심' 의 길이 열려 있다. 그러나 그 일이 '올바름' 을 향한 추구를 배제하는 것은 아니다. 아니, 그 반대다. '재심' 청구는 보다 '바른' 판결을 요구하며 제기된다. '바른' 판결에 대한 청구가 없다면 사람은 '잘못할' 수도 없다. 믿는 일이 없는 사람이 배신당할 일도 없는 것과 마찬가지다. 우리들의 판단력은 유한하며 잘못될 수 있다는 사실은 '올바름' 에 대한 공공의 약속commitment을 배제하지 않을 뿐만 아니라 오히려 전제로 한다.

어떤 '정의' 도 분수에 맞지 않게 스스로 '절대성' 을 일컬을 수 없다. 어떤 '정의' 도 비판에 열려 있지 않으면 안 된다. 그것은 어떤 '정의' 주장이든 잘못될 수도, 부당할 수도 있기 때문이다. 그렇지만 어떤 '정의' 주장을 잘못이다, 부당하다며 비판할 수 있기 위해서는 그 비판의 '올바름' 에 관여하지 않으면 안 된다. '절대적으로' 는 아니지만 반드시 어느 정도는 관여하지 않으면 안 된다. '올바름' 에 관여하는 일과 '절대적 정의' 를 참칭하는 일과는 다르다. 자크 데리다라면 이렇게 말할 것이다. "모든 '법' 은 '탈구축이 가능' 하지만, '법' 의 '탈구축' 그 자체의 동기가 되는 '정의' 는 '탈구축이 불가능하다' "고 말이다.[88]

'여성국제전범법정' 의 시도

일본 안팎의 상황은 이제까지 반복해서 거론한 대로이다. 이러한 가운데 '위안부' 피해자들의 역사에 대한 '재심' 청구는 '민간법정' 이라는 형태이기는 하지만, 20세기 마지막 해에 가해 국가인 일본의 수도 도쿄에서 '재심' 의 장을 이끌어내게 되었다. 2000년 12월 8일부터 12일까지 개최된 '일본군 성노예제를 심판하는 여성국제전범법정' 이 그것이다. 다음으로는 이 '법정' 의 역사적·사상적 의의에 관해 약간 고찰해두고 싶다.

이 '법정' 계획은 1998년 봄 서울의 아시아여성연대회의에서 바우네트 재팬VAWW-NET Japan('전쟁과 여성으로의 폭력' 일본네트워크)가 제기해 세계 각국 여성운동 그룹의 찬동을 얻었다.

'법정' 을 주최하는 '국제실행위원회' 는 '국제자문위원회' 의 삼자를 가해국 일본의 바우네트 재팬과 피해국·피해지역(한국, 북한, 중국, 대만, 필리핀, 인도네시아)의 지원단체, 그리고 세계 각지의 무력분쟁 문제에 관여하고 있는 여성활동가들(국적은 캐나다, 미국,

멕시코, 알제리, 유고슬라비아, 인도, 오스트레일리아 등이다)로 구성했다. 법률고문은 론다 카프론(뉴욕시립대학 국제법 교수, '상설국제형사재판소에 젠더 정의를 요구하는 여성 코카스' 대표), 벤티 무른기(케냐여성변호사연맹, 르완다국제형사법정 법률고문), 켈리 던 아스킨(워싱턴대학 법학부 교수)이었다.

'법정'은 각국 법률 전문가들의 조력을 얻어 작성된 '법정헌장'에 입각해 '세계적으로 존경을 받는' 법률가들로 이루어진 판사단, 제3국 법률가로 이루어진 수석검사단, 피해국·지역의 법률가로 이루어진 검사단, 피해 측·가해 측 증인, 전문가 증인 등으로 구성되었다. 재판관은 가브리엘 맥도널드(미국, 구유고국제형사재판소 전소장), 카르멘 아르히바이(아르헨티나·판사, 국제여성법률가연맹 회장), P. N. 버그와티(인도최고재 전장관, 유엔인권규약위원회 부의장), 윌리 무퉁가(케냐대학 교수, 케냐인권위원회 위원장), 크리스틴 친킨(런던대학 국제법 교수)이고, 수석검사관은 패트리샤 비서-셀러스(미국, 구유고·르완다국제형사법정 젠더범죄담당 법률고문), 우스티나 돌고폴(오스트레일리아, 프린더스대학 국제법 조교수)이었다.

바우네트 재팬과 각국 지원단체는 관계 각국과 각 지역에서 '법정'에 제출하기 위한 피해자와 가해자 증언의 청취, 자료 발굴 등의 조사연구 활동, 비디오에 의한 기록 등을 정력적으로 진행하며, 일본군 '위안부' 제도의 진상 규명과 책임 계통을 밝히고자 노력했다. 그 성과를 바탕으로 기소장에서는 증거가 유력한 피의자 개인의 이름이 거론되고, 피고인 일본 정부에게 출정소환장이 발부되었으며, 피고에게는 일본 검찰단이 선임한 변호인이 선임되었다. 해외로부터의 피해 여성 약 80명을 포함해 500명이 참가한 대 '법정' 은 3일간 집중적인 심리를 행한 후, '현대 분쟁 하에 있는 여성에 대한 범죄' 국제공청회를 끼고 12월 12일에 '판결' 을 내리게 되었다.

'법정' 이라고 하지만 이것은 어디까지나 '민간법정' 으로 법적 실효력을 갖지 않는다. 어떤 국가주권과도 무관하고 피플people(민중, 사람들)의 '주권' 에 의한 '법정' 이 되며, '판결' 도 과도한 법적 형식주의에 구애받지 않고 '상징적·도의적' 인 '심판' 을 지향한다. 이상적인 것은 일본 정부가 협력해 법적 실효력을 갖는 국제법정을 개최하는 일이지만, 현 단계에서는 이러한 법정 개최가 곤란하기 때문에 차선책으로 구상되었다. 그 점에서 이 법정은 1967년에 버트런드 러셀의 호소로 장폴 사르트르가 의장을 맡아 베트남전쟁에서의 미국 침략과 전쟁범죄를 심판하고자 열린 '러셀 법정' 과 닮았다(제1회 5월 2일~10일, 스톡홀름, 제2회 11월 20일~12월 1일, 코펜하겐 교외 로스킬드). 이 때 사르트르는 러셀 법정이 법적 강제력을 가지지는 않지만, 법적 강제력이 전제하는 국가권력으로부터 완전히 자유롭고 '보편적' 이라는 사실이 거꾸로 러셀 법정 '정당성' 의 원천이 된다고 주장했다.[89]

사실 러셀 법정의 '판결' 이 세계의 베트남 반전운동에 준 영향은 무시할 수 없다. 거기에서 채용된 '베트남 인민의 민족기본권' 이라는 개념은 1973년 파리정전협정에도 명기되는 결과를 가져왔다. 확실히 전쟁법정 판결은 법적 실효력을 갖는 것이 바람직하다. 그러나 법적 실효력을 갖기 위해서는 법정이 단수 또는 복수의 국가권력을 전제로 하지 않으면 안 된다. "힘없는 정의는 무력하고, 정의 없는 힘은 횡포다. …… 때문에 정의와 힘을 동시에 작동시키지 않으면 안 된다. 그리고 그러기 위해서는 올바른 자가 힘을 갖거나 힘 있는 자가 올바르지 않으면 안 된다. 사람들은 올바른 자가 힘을 갖도록 할 수 없기 때문에 힘 있는 자가 올바르다고 한 것이다."[90] 이 난제aporia를 응시하면서 '여성국제전범법정'은 당장의 강제력보다 '정의' 판단을 명확히 하기를 바란 것이다.

도쿄 재판의 '재심'

'일본군 성노예제를 심판하는 여성국제전범법정'의 역사적 의의를 몇 가지 들어보자(순서 차이는 없다).

첫째, 이 '법정'은 민간법정이라고 해도 도쿄 재판(극동국제군사재판)에서 누락된 부분을 메운다는 의미를 가진다. 전후 일본에서 일본의 전쟁책임을 부정하려는 보수파 일부는 항상 도쿄 재판을 일방적인 '승자의 심판'이라고 계속 비난해왔다. 더욱이 오늘날 그 목소리가 약해지기는커녕 더욱 강해지고 있다. 그러나 사실 이 재판은 본래 물어야 할 많은 것들을 불문에 붙임으로써 오히려 보수파의 이익에 합치되는 것이었다. 쇼와 천황과 천황제의 전쟁책임, 조선·대만 등에 대한 식민지 지배 책임, 731부대(하얼빈)나 1644부대(난징) 등의 중국 대륙에서의 인체실험을 동반한 세균병기 개발과 실전 사용의 책임, 그리고 '위안소'에서 다수의 여성을 성노예로 삼은 책임, 이것들은 본래 '승자의 심판' 틀 속에서 심판하는 것이 가능하며 또한 당연히 심판해야 했다. 그럼에도 불구하고 연합군 내에서 일본 점령 정책에 대해 압도적 헤게모니를 쥐고 있던 미국의 의도에 따라 심판되지 않고 끝났다.

조선·대만의 식민지 지배에 관해서는 심판되지 않았을 뿐만 아니라, 군속으로 포로 감시 등을 맡았던 식민지 출신자가 일본인으로서 심판을 받아 사형에 처해지기도 했다. '위안부' 문제에 관해서도 수사 과정에서 일본군에 의한 '강제매춘'의 증거가 드러나 논의되었음에도 불구하고 미국 측으로부터 '수사에 대한 포괄적인 검열과 금지가 부가되었다'는 연합군전쟁범죄수사원(제임스 고드윈 대위)의 증언이 있었다.[91]

일본군 성노예제는 '황군' 즉 천황 군대의 범죄였으며, 식민지 특히 조선에서 동원된 다수의 여성이 희생되었다. 따라서 '여성국제전범법정'은 그야말로 도쿄 재판에 대한 '재심'의 시도로서 여성에 대한 군사적 성폭력의 심판을 통해 천황제의 전쟁책임에 다가서고 식민지 지배 실태의 일부를 명백히 밝히려는 노력인 것이다.

둘째, 가해자 심판, 즉 책임 소재를 공적으로 명시하는 일은 피해자의 존엄이 회복되어 그 트라우마가 치유되기 위한 충분조건은 아니라고 해도 필요조건이라고 할 수 있다. 앞에서도 언급했지만 어떤 의미에서 일본군 성노예제 생존자들은 홀로코스트의 생존자 이상으로 사회적 고립감에 괴로워한다. 피해자로서 이름을 밝히고 나서는 일은 '더러운 여자' 라는 편견으로 가득 찬 사회적 낙인stigma이 찍히기 쉬웠다. 남권주의적 성도덕을 내면화하고 있는 경우에는 피해들이 자기 자신을 힐책하고 자포자기해버린 일도 많았다. 중국 산시성에 사는 전 '위안부' 들이야말로 수난의 체험을 사회화하는 회로를 전혀 갖지 못한 채, 전후 반세기 동안 심각한 트라우마 증상을 그대로 안고 살아온 전형적인 예일 것이다. 그녀들의 딸과 아들의 신체에 유소년기 어머니(전 '위안부')로부터 받은 이해하기 힘든 폭력의 상처가 많이 남아 있는 점도 전 '위안부' 들에게 강제된 침묵이 얼마나 깊은 고독을 동반했는지를 뒷받침한다. 피해자의 커밍아웃은 그녀들이 스스로의 기억을 사회화하는 과정이 시작되었음을 의미한다. 가해자의 책임이 명시된 후에야 비로소 피해자들이 말 못할 낙인과 죄책감으로부터, 나아가서는 그 트라우마로부터 해방될 가능성이 싹트게 될 것이다.

여기에서 중요한 것은 속류俗流 니체주의의 유혹에 져서 '심판'과 '복수' 를 혼동하지 않는 일이다. '심판' 은 원리적으로 '복수'와 다르다. 폭력의 피해자가 원한ressentiment과 분노의 감정을 품는 것은 이해할 수 있다. 그러나 피해자 감정으로부터 복수 행위에 이르는 것과 법에 입각해 '심판' 을 청하는 것과는 다르다. 복수는 더한 복수를 부르고 대항폭력은 더한 대항폭력을 불러일으키며 끝이 없다. 홀로코스트의 유대인 생존자인 아바 코넬은 600만

희생자의 복수를 위해 독일 여러 도시의 수도에 독을 흘려 600만 독일 시민을 살해하려는 몽상을 했다. 정말로 복수하고자 한다면 법적 '처벌' 과는 다른 수단을 노릴 것이다.

'책임자 처벌' 은 첫째로 법이라는 제3자의 심판[審級]에 호소한다는 점에서 피해자 자의에 의한 복수와 구별된다. 둘째로 한나 아렌트의 설명처럼 '처벌' 은 만약 그것이 없으면 끝없이 계속될 폭력적 대응 과정에 개입해 그 과정을 단절시킨다는 점에서 복수보다 오히려 '용서' 에 가깝다.[92] '일본군 성노예제' 생존자가 요구하는 것은 법적 정의에 따른 '심판' 이며 책임자 '처벌' 이지, 자의적인 '복수' 의 실현이 아니다. 복수재판이라는 의심을 불식시키기 위해서는 '사형' 을 배제하는 일 역시 중요하다. 이 점에서 과거 중일전쟁의 일본인 전범을 심판한 '중화인민공화국 최고인민법원 특별군사법정' (1956)은 훌륭한 선례를 보여주고 있다. 덧붙여서 유럽과 유엔의 전범법정에서는 이미 사형이 폐지되었으며, '인도人道에 대한 죄' 라도 최고형은 종신형에 그친다.

'인도人道에 대한 죄' 의 가능성

셋째, '여성국제전범법정' 은 국제인도법의 발전, 특히 '인도人道에 대한 죄crimes against humanity' 의 보편적 적용 가능성의 확대 과정에 공헌할 수 있다. '인도에 대한 죄' 개념은 서양에 전사前史를 갖고 있으며, 나치 독일에 의한 집단박해를 심판하기 위해 열린 뉘른베르크 재판에서 처음으로 '전시 중' 뿐만 아니라 '전쟁 전' 도 포함해 '범죄가 행해진 나라의 국내법을 위반했는지 아닌지에 상관없이' '모든 일반주민에 대한 살인, 절멸, 노예화, 강제적 이송, 그 밖의 비인도적 행위, 또는 정치적·인종적·종교적 이유에서 비롯된 박해' 를 포함한다고 실정화實定化되었다. 그 후 이 개념은 유엔총회에서 '뉘른베르크 재판소헌장에 따라 인정된 여러 원칙' 의 확인결의(1946), 제노사이드 조약의 채택(1948), 국제법위원회에서의 '뉘른베르크 제원칙' 의 재확인(1950), 시효부적용 조약의 채택(1968) 등을 통해 정착되면서 국제인도법 발전에서 중심적 위치를 차지하게 되었다. 독일 및 서유럽에서 오늘날까지 계속되는 나치 전범 추궁의 근거가 되어왔을 뿐만 아니라, 유엔총회 결의에서 남아프리카공화국의 인종차별정책apartheid에 적용되었고(1973), 동서냉전종결 후에는 구유고슬라비아, 르완다 분쟁으로 설치된 국제형사재판소에서 중요한 공소요인公訴要因이 되었으며, 최근에는 칠레의 전대통령인 피노체트Augusto Pinochet에 대한 국제적 추궁의 근거가 되었다.

문제는 일본이다. '인도人道에 대한 죄' 는 도쿄 재판에서도 '통상적인 전쟁범죄' 및 '평화에 대한 죄' 와 함께 심리 대상이 되었지만, 판결에서는 '통상적인 전쟁범죄' 와 구별되지 않았고 엄격한 적용도 행해지지 않았다. 만약 상기한 정의를 엄격히 적용했다면, 731부대의 인체실험이나 소위 '삼광三光작전'*은 물론 카이로 선언에서 비난을 받은 '조선 인민의 노예화'나 조선인·중국인 '강제연행', 그리고 당연히 '성노예제'로서의 '위안부' 제도도 심판되어야 했다. 전후 동서독은 스스로 10만 이상의 나치전범 용의자를 수사해 6천 건 이상의 유죄판결을 내려왔지만, 일본에서는 단 한 건도 수사된 일이 없고, 단 한 사람도 심판된 일이 없다. 일본 정부에게 책임자 처벌을 권고하는 보고서를 제출한 유엔인권위원회 게이 맥두걸Gay McDougall은 전후 유럽에서는 일관되게 전범의 심판에 중점을 둬왔는데, '아시아태평양전쟁에서는 마찬가지로 심판을 받아야 할 학대행위가 저질러졌음에도 불구하고 여태까지 거의 처벌이 안 된 상태'라는 점을 '무엇보다 이해하기 힘들었다'고 말했다. 1994년에 책임자 처벌을 요구하는 고발장을 도쿄지검에 제출하고 접수를 거절당한 한국의 전 '위안부'들을 지지하는 박원순 변호사도 "일본의 전쟁범죄와 인도에 대한 죄가 서양에서의 같은 죄와 다른 취급을 받아야 할 이유를 찾을 수 없다. 정의의 여신에게 두 개의 얼굴이 있는 것은 아니다"라고 토로했

* [옮긴이주] 삼광작전三光作戰은 중일전쟁 당시 일본이 벌인 대살육작전을 말한다. 1931년 만주사변으로 시작한 중일전쟁이 중국 전 지역에 확대되면서 일본 육군은 무고한 양민을 무참하게 죽이는 난징대학살을 자행했다. 이때부터 태우고, 빼앗고, 죽이는 이른바 삼광작전이 벌어지면서 살육전이 일반화했다. 1937년 12월 13일부터 이후 약 2개월 동안 일본군에 의해 학살된 중국인의 숫자는 자료에 따라 큰 차이가 있는데, 중국측 자료에는 39만 명 이상, 극동군국제군사재판 기록에는 20만 명 이상, 일본 육군장교의 친목단체에서 발행하는 〈해행偕行〉에는 3,000 또는 1만 3000명(중국인 투항병사는 포함하지 않음)으로 나타나 있다.

다. 구일본제국에 의한 '인도人道에 대한 죄'가 오늘날까지 처벌되지 않은impunity 채 미뤄진 책임은 먼저 일본 정부와 사법부에게, 그 다음으로 이 상태를 용인해온 일본 국민에게 있다. 이러한 상황에서 비록 민간법정에 그친다고는 해도 '여성국제전범법정'이 바우네트 재팬의 제안으로 시작되어 도쿄에서 개최되었다는 의미는 적지 않다(단, 바우네트 재팬에는 재일한국인 등 외국 국적 회원도 포함되어 있다).

앞서 언급한 대로 일본군 성노예제는 '인도에 대한 죄'를 비롯해 노예제 금지의 관습국제법, ILO29호 강제노동금지조약 외에도 '당시의 여러 국제법'을 위반했다는 지적을 받고 있다. 강간이 '인도에 대한 죄'에 독립 공소 요인으로 삽입되어 실제로 적용된 것은 90년대 들어 구유고 및 르완다국제형사재판소에서였다. 여성국제전범법정'이 '인도에 대한 죄'에도 '유죄판결'을 내린다면, 이는 도쿄 재판에서도 러셀 법정에서도 없었던 일로 이 죄가 아시아에서 처음으로 여성에 대한 군사적 성폭력에 '적용'되는 셈이 된다. '여성국제범죄법정'은 방글라데시, 미얀마, 동티모르 등 아시아 분쟁에서 저질러진 대규모 군사적 성폭력이 '인도에 대한 죄'라고 하는 인식의 발전에 적지 않은 영향을 줄 것이다.

국제인도법의 '탈구축'

'여성국제전범법정' 은 사상적으로 법의 탈구축deconstruction, 국제인도법의 탈구축이라는 의미도 갖는다고 생각된다. 법의 탈구축이란 법의 타자, 법으로부터 배제된 타자와의 관계에 의해 법의 '보편성' 이라는 가면이 벗겨져 그 폭력성이 폭로되는 것이다. 법의 타자와의 관계에서 법 '보편성' 에 대한 철저한 비판이라도 해도 좋다. '여성국제전범법정' 은 국제법의 타자와의 관계에서 기존 국제법을 탈구축한다. 이 경우 국제법의 타자란 누구인가?

첫 번째로 식민지 지배를 받은 사람들이다. 원래 제국주의 열강간의 국제 규칙으로 출발한 국제법이 특히 그 적용과 운용에서 강렬한 구미중심주의로 물든 사실은 도쿄 재판에서 미국을 중심으로 한 구미제국의 이해에 따라 일본의 식민지 지배를 묻지 않고 아시아 여러 나라의 이해를 충분히 반영하지 않은 점에서도 드러난다. 네덜란드가 행한 바타비아 군사재판에서 네덜란드 여성을 '위안부' 로 삼은 경우를 심판하면서 인도네시아 여성이 입은 같은 피해를 전혀 심판하지 않았던 이유도 이 때문이다. '여성국제전범법정' 은 일본의 식민지이며 구미 열강의 식민지였기 때문에 여태까지 국제법의 밖으로 배제되어버린 아시아 여러 지역의 전쟁 피해를 묻고 있는 것이다.

두 번째로 여태까지 국제법의 타자는 여성이었으며, 특히 '위안부' 처럼 가부장제 사회의 말단에 내몰려진 여성들이었다. 전형적인 국제법에서 여성의 피해는 그 여성을 '소유' 하는 남성의 피해일 뿐이었다. '위안부' 는 소나 말처럼 '군사물자' 취급을 당하며 이송되어 '황군 장병을 위한 선물' 로 제공되었고, 말도 통하지 않는 타향에서 노예 상태에 놓였으며, 살아남았음에도 전쟁이 끝나자 누더기, 쓰레기처럼 버려졌고, 살아서 고향에 돌아갔다고 해도 사회적 낙인이 두려워 침묵을 강요당하며 역사의 표면으로부터 말살되어온 〈역사의 타자〉, 그야말로 하류 인간subaltern이었다. '여성국제전범법정' 은 완전히 '하류 인간' 이었던 그녀들의 가장 알아듣기 힘든 목소리, 외침, 중얼거림, 호소에 귀를 기울여 그것들을 처음으로 법의 공간에 울려 퍼지게 하려는 시도다. 이런 점에서 종래 국제법의 남권주의나 '위안부' 범죄의 증거를 손에 쥐고서도 불문에 부친 도쿄 재판에 대한 근본적인radical 비판을 포함한다. 다시 말해 '여성국제전범법정' 은 '젠더 정의gender justice' 의 관점으로부터 종래 국제인도법에서의 '여성 부재' 를 철저히 비판하려 한다는 것이다.

그런데 법의 탈구축이란 도대체 무엇인가? 법 '보편성' 의 철저한 비판이란 무엇인가? 이것은 여태까지 법의 타자였던 식민지 지배를 받은 사람들과 여성, '위안부' 라는 사람들에게 법의 빛을 비추려고 한다. 법의 타자를 법 앞으로 소환해 법의 지배하에 집어넣고 법의 '보편성' 아래로 포섭하려고 한다. 그렇다면 이것은 법 '보편성' 의 비판이라고 칭하면서 실은 법의 '보편성' 을 확인하는 것이 아닐까? 법의 탈구축이란 법 지배를 관철하기 위해 법의 '보편성'을 철저히 강화하는 일로 귀착되어버리는 것은 아닐까? '여성국제전범법정'은 '인권', '인간 존중'이라는 이념과 함께 스스로 서양 기원인 '법'의 '보편성' 이데올로기를 내재화시키는, 다시 말해 그 자체가 서양의 세계화운동의 일부와 다름없는 것은 아닐까?

확실히 법의 탈구축은 기성법의 철저한 비판임과 동시에 타자에게 보다 열린 법의 재구축이라는 의미에서 법의 '보편화' 과정이기도 하다. 그러나 국제인도법의 '보편화'를 서양중심주의나 구미 문화제국주의(법제국주의)와 같이 취급해버리는 것은 약간 단편적인 연계일 것이다.

'보편성'의 반전

첫째로 법의 역사적 기원과 그 이념의 사정거리를 혼동해서는 안 된다. 국제인도법이 유럽 태생이고 '인도에 대한 죄'나 '인권', '인간 존중' 등의 이념의 고향이 유럽이라고 해서 그것들이 영원히 〈유럽의 것〉인 채로 지속되는 것은 아니다. 세계 최초의 '흑인공화국'을 성립시킨 아이티혁명은 생도맹그[현 아이티공화국]의 아프리카계 노예들이 프랑스혁명 이념에 따라 프랑스와 싸운 혁명이었다. 베트남민주공화국독립선언(1945)이 프랑스인권선언과 미국독립선언을 원용한 이유는 식민지 지배국의 '법' 이념 속에서 식민지 지배를 부당하다고 할 수 있는 '보편적' 사정거리를 지닌

사상을 찾아냈기 때문이었다. 남아프리카공화국의 인종차별정책 철폐를 향한 넬슨 만델라의 투쟁은 단지 서양법에 대한 '법의 타자' 의 투쟁이 아니었다. 남아프리카를 지배한 서양기원법에 대해 그곳으로부터 근원적으로 배제된 타자들의 목소리를 '또 하나의' 서양기원법을 빌려, 즉 '세계인권선언' 에서 생각을 얻은 〈자유헌장〉(1955)을 빌려서 대치시키는 싸움이었다.

법은 그것이 '보편성' 요구를 갖는 한, 설령 유럽 태생이라고 해도 탄생한 그 순간으로부터 이미 유럽을 넘는 사정거리를 가질 것이다. 데리다의 말을 빌리면, '보편성' 요구를 가진 법은 뿌리의 단절deracinement(고향상실, 고국을 떠나는 일)을 본질로 한다. 유목민 nomad처럼 어떠한 본래 장소, 어떠한 정착지도 없이 모든 경계를 초월해간다. 일단 지구상의 어딘가에 출현하면, 그것은 출현의 사정거리를 규정한 모든 역사적 조건을 넘어 권리상 모든 시간, 모든 장소에서 모든 사람들의 것이 될 수 있다. 누구의 것도 아니기 때문에 누구의 것도 될 수 있다. 법의 '보편성' 은 서양/비서양의 분할만을 초월하는 것이 아니다. 올랭프 드 구즈Olympe de Gouges는 프랑스인권선언이 '모든 사람' 의 권리를 말하면서 실제로는 남성의 권리밖에 보장하지 않는 점에 항의하며 〈여성을 위한 인권선언〉을 쓰고 처형당했다. 그러나 '모든 사람' 의 자유와 평등, 권리선언이 이루어졌을 때, 이미 그곳에는 최초의 적용 한계를 초월한 '보편적' 사정거리가 명시되어 있었던 것이다.

그렇다고 하면 서양의 타자는 서양기원법의 '보편성' 을 무기로

서양의 지배와 싸울 수 있다. 서양이 스스로 만들어낸 법의 '약속'을 배신했을 때는 그 '약속'의 이름으로 서양과 싸울 수 있다. 이 싸움은 결코 서양의 '내전'이 아니다. 이것을 '서양'의 법 틀 속에서의 투쟁에 지나지 않고 '서양적인' 투쟁에 지나지 않는다고 간주한다면, 이러한 태도는 '보편성' 요구를 가진 법도 서양 '태생'인 한 영원히 '서양의 것'이라고 생각하는 본질주의적 문화관에선 잘못된 인식이다. 확실히 '인도에 대한 죄'는 전사前史가 서양 현대사에 있고 뉘른베르크 재판에서 실정화된 서양 '태생'의 법이다. 그러나 그것이 일단 '인도人道, 즉 인류humanity'의 이름으로 실정화된 이상 서양의 타자가 서양의 폭력을 고발하기 위한 무기가 되기도 된다.

우리들은 이렇게 질문할 수 있다. 왜 '인도에 대한 죄'는 유럽에서 나치 독일 및 그 공범자의 죄에만 적용되고 유럽이 비유럽세계에 대해 저지른 유사한 죄에는 적용되지 않는 걸까? 예를 들어 최근 프랑스의 모리스 파퐁Maurice Papon 재판에서 파퐁이 보르도 지구의 유대인을 아우슈비츠로 이송하라는 명령서에 서명한 행위는 '인도에 대한 죄'로 심판되는 반면, 어째서 같은 파퐁이 알제리전쟁 중 경시총감으로서 파리 주변의 알제리인을 탄압하고 수백 명의 사망자를 낸 행위는 심판되지 않는 걸까? 왜 프랑스는 1964년에 독일보다도 먼저 '인도에 대한 죄'의 시효 철폐를 결정했으면서 한편으로 알제리전쟁 중 프랑스군에 의한 학대행위를 사면하고 이를 영구히 불문에 부치라는 결정을 내린 것일까? 이처럼 '인도에 대한 죄'의 '보편성' 요구는 이 법을 '낳은' 유럽 자신의 죄로 반전되어 유럽중심주의의 폭력을 폭로하는 강력한 논거를 제공한다고 할 수 있다.

'미국'이라는 문제

이것은 도쿄 재판에서 심판되지 않았던 다른 종류의 전쟁범죄, 연합국 특히 미국의 전쟁범죄에 대한 책임을 물을 수 있는 가능성으로 이어진다.

히로시마·나가사키 원폭 투하의 책임을 생각할 때, 1996년에 국제사법재판소가—핵무기 사용에 대한 법적 구속력을 가지지 않고, 자위상의 사용과 관련된 판단을 회피하면서도—원칙적으로 국제법 위반이라는 판단을 내린 사실은 큰 의미가 있다. 그러나 문제는 전후 일본 국민이 히로시마·나가사키의 기억으로부터 '유일한 피폭국'이라는 신화밖에 형성하지 못했으며, 오늘날 '원폭 투하는 인종차별국 미국의 악마적 소행'이라고 외치는 만화가 갈채를 받으며 베스트셀러가 되는 상황에 있다. 미국에서 지배적인 원폭 투하 무죄설은 물론, 전후 일본 국민이 형성한 히로시마·나가사키의 기억에 관해서도 '보편적' 관점에서 그 정당성을 철저히 '재심'하지 않으면 안 된다.

첫째, 히로시마·나가사키 피폭이 일본의 다른 전쟁 피해와 함께 조선 침략 개시 이래 적어도 70년에 이르는 일본의 아시아 침략의 귀결이었다는 점에서 아시아에 대한 가해 책임을 지지 않고서는 피폭 피해를 호소해도 설득력을 가질 수 없다는 사실을 분명히 해야 한다. 특히 일본의 아시아 침략 기지이자 청일전쟁 당시 대본영이 있었던 군도軍都 히로시마에서는 메이지 천황이 직접 나서서 전쟁지휘를 했다. 둘째, 게르니카에서 시작되어 코벤트리, 드레스덴, 도쿄, 히로시마·나가사키를 거쳐 베트남전쟁 당시 '북폭北爆'에 이르는 무차별전략폭격의 역사 속에서 일본은 중일전쟁 당시 사상 최초로 본격적 무차별전략폭격인 충칭重慶 폭격을 행했다는 무거운 책임을 지고 있다. 그리고 일본 역시 원폭 개발을 했다는 사실을 잊어서는 안 된다. 셋째, 히로시마·나가사키 피폭자의 출신국이 20개가 넘는다는 점에서 이러한 피폭의 기억을 '일본은 유일한 피폭국' 이라는 국가기억으로 '국민화' 할 수 없다. 특히 강제연행에 의해 끌려온 사람들을 포함해 히로시마·나가사키를 합쳐 수만의 조선 민족 피폭자가 있었고, 그들의 존재가 전후 거의 잊혀왔다는 사실은 히로시마·나가사키의 '피해자 의식' 을 '탈국민화' 하기 위해 반드시 상기되어야 할 부분이다. 넷째, 원폭 피해에는 '국체호지國體護持', 즉 천황제 유지에 대한 보장을 이유로 연합국의 포츠담선언을 묵살하고 항복을 늦춘 쇼와 천황에게도 중대한 책임이 있다. '너무 늦은 성단聖斷(천황의 결정)' 은 도쿄대공습을 비롯해 도시공습, 오키나와전에 대해서도 책임이 있지만, 포츠담선언을 신속히 수락하고 항복했더라면 원폭 투하는 피할 수 있었다(사실을 말하면 그 전쟁의 모든 사망자에게 '성단'은 '너무 늦은' 결정이었다). 전후 일본 국민이 '너무 늦은 성단'을 문제시하며 천황과 천황제의 책임 추궁을 향해 나아갔더라면 전후 일본의 역사는 완전히 달라졌을 것이다. 일본 국민의 한 사람이라는 위치에서 히로시마·나가사키 책임을 물을 때, 적어도 이러한 전제에 입각해 논의하지 않는다면 도저히 보편성을 갖는 논의가 될 수 없다.

히로시마·나가사키는 2차 세계대전 종결 후, 현재까지 계속되는 '미국'이라는 문제의 시작이었다. 처음에 말한 대로 도쿄 재판에서 당연히 심판했어야 할 일본의 중대한 책임 몇 가지를 불문에 부치고 자신들이 내세운 국제법의 '정의'에 모순되는 행동을 취한 것은 바로 미국이었다. '러셀 법정'으로의 '호소'에서 러셀은 뉘른베르크 재판에서 미국의 잭슨 수석검찰관이 한 말을 상기한다. "어떤 행위 또는 조약 침범이 범죄라고 하면 그 때 그것은 미국이 저지른 것이든, 독일이 저지른 것이든 모두 범죄다. 우리들은 자기 스스로에게 적용할 작정이 없는 범죄행위의 원칙을 타인에게 적용하려고 만들 생각이 없다." 러셀에 의하면, '미국'은 베트남에서 바로 그러한 '범죄'를 저지른 것이었다.[93] 사르트르는 이렇게 말했다. "뉘른베르크 법정은 의심할 여지도 없이 강자의 권리로부터 생긴 것이지만, 동시에 어떤 선례, 한 가지 전통의 맹아를 낳아 미래의 사이클을 열었다. 누구든 뒤로 되돌아갈 수는 없다. 법정이 존재했다는 사실도 어떻게 할 수 있는 일이 아니다. 가난한 소국이 침략의 대상이 되었을 때, 그 재판 과정을 회상하며 '그 법정이 단죄한 것은 그래도 틀림없이 **이것**이 아닐까' 라고 생각하는 인간이 있다고 해도 그것을 그만두게 만들 수는 없을 것이다."[94] '러셀 법정' 이 고발한 것은 틀림없이 '이것', 즉 미국이 '가난한 소국' 베트남을 '침략' 함으로써 뉘른베르크의 '약속' 을 배신했다는 사실이었을 것이다.

동서냉전 종결 후에도 초강대국인 미국은 그 힘을 바탕으로 '인도적 군사 개입' 을 강행하며, 국제인도법의 발전을 저해하는 행동을 자주 취하고 있다. 유고슬라비아 공중 폭격에서는 '인도에 대한 죄' 에 대한 억압을 명분으로 밀로셰비치 대통령의 소추마저 표방했지만, 결국 구유고국제형사법재판소는 명백한 미국의 압력에 의해 나토NATO군의 공중 폭격에 따른 피해 책임에 관해서는 심리하지 않는다고 결정내렸다.

특히 중요한 점은 이미 언급한 상설국제형사재판소ICC 설립조약(로마조약)에 대한 미국의 대처다. 160개국, 31개 국제기관, 139개 NGO가 로마에 모여 찬성 120, 반대 7, 기권 21의 압도적 다수로 가결되어 '미래세대로의 희망의 선물, 보편적 인권과 법 지배의 전진을 위한 거대한 일보' (코피 아난 당시 유엔사무총장)라고 환영받은 이 조약은 인도에 대한 죄, 대량 학살(제노사이드)의 죄, 전쟁범죄, 침략의 죄, 이 네 가지에 관해 국가가 심판할 의사와 능력을 갖지 않는 경우, '보편적 관할권' 에 의해 심판할 수 있는 상설법정을 설치하려는 것으로, 국제인도법 발전에서 중요한 하나의 도달점이라고 할 수 있다. 그러나 이에 대해 가장 강력하게 저항

하고 있는 것이 미국이다. 미국은 자국민의 소추를 피하기 위해 재판소 이념을 알맹이 없이 만들어버리는 예외규정을 넣고자 각종 공작을 펼치며 각국의 비판을 받고 있다. 로마조약은 이미 113개국이 서명했고, 주도적 역할을 수행하고 있는 캐나다 외에 프랑스, 이탈리아 등 21개국이 이를 비준했다. 동아시아에서는 한국이 서명했지만 중국과 일본은 서명하지 않았다(2000년 9월 22일 현재).*

로마조약은 무력분쟁하의 성폭력을 명백한 범죄로 하고, 처벌 의무를 정했다는 점에서도 획기적이다. 이것은 '일본군 성노예제'의 미처벌이나 구유고의 집단성폭행 등에 대해 위기감을 고조시킨 국제적인 NGO집단인 여성연맹Women's Caucus의 요구가 최대한 실현된 것이었다.

* [옮긴이주] 2015년 현재, 국제형사재판소ICC의 현황은 다음과 같다. 2002년 7월 1일, ICC는 로마조약에 139개국이 서명하고 90개국이 비준함으로써 조약이 발효되었다. 이에 헤이그에 본부를 설치하고 재판관을 18명으로 구성하며 공식 출범했다. 현재 총 비준국가는 123개국이며, 한국은 2003년 11월 로마조약에 비준했다. 한국 외에 아시아에서의 비준 국가는 아프가니스탄, 캄보디아, 그루지야, 요르단, 몽골, 타지키스탄, 동티모르다. 미국은 2000년 12월, 클린턴 정부가 조약에 서명했지만, 미군이 정치적 이유로 기소될 가능성이 있다고 우려해오던 중 〈미군의 면책특권〉 요구가 받아들여지지 않자 2002년 5월, 일방적으로 서명을 철회했다. 중국과 일본은 여전히 서명하지 않고 있다. 출범 이후 본격적으로 반 인류 범죄의 단죄에 나선 ICC는 그동안 체포영장 22건을 발부했고, 현재는 모두 18건(예비조사 9건 포함)을 조사 중인데, 모두 아프리카와 중동, 중남미 국가들에서 빚어진 일이다. ICC의 첫 유죄판결은 2012년 3월 14일, 미성년 아동을 유인해 소년 병사로 이용하는 등 3개 전범 혐의로 기소된 아프리카 콩고민주공화국 민병대 지도자 토마스 루방가에게 내려졌다. ICC 재판관은 총 18명이며, 한국인으로는 2003년부터 ICC 재판관으로 활동해온 송상현 씨가 2009년 3월 11일 소장으로 처음 당선되었으며, 2012년 3월 11일 재선을 거쳐 2015년 3월 퇴임했고, 2014년 11월에는 정창호 씨가 신임 ICC 재판관으로 선출되었다.

이상에서 알 수 있듯이, 국제인도법의 발전은 이제 간신히 서양/비서양, 남성/여성의 분할을 넘어 종래 서양중심주의, 남성중심주의와는 다른 지평을 열려고 하고 있다.

그리고 '여성국제전범법정'은 일본의 전쟁책임을 국제적인 장에서 '재심'하고 식민지 지배와 일본군 성노예제에 명확한 판단이나 판결을 내림으로써 이러한 '법의 탈구축' 운동에 기여하게 될 것이다.

04

기본문헌 안내

어떤 제한도 없이 '역사'와 '역사인식'이라고 하면 그 관련 문헌을 열거하는 작업은 불가능하며 또한 무의미할 것이다. 여기에서는 어디까지나 이 책에 한정된 주제에 따라 새로운 문헌을 중심으로 소개해두겠다.

먼저 제1부 〈역사와 책임〉과 관련해 독일과 일본의 전쟁책임론의 대표적 문헌으로 **칼 야스퍼스Karl Jaspers**의 **《전쟁의 죄를 묻는다》**(橋本文夫 옮김, 平凡社라이브러리, 1998)와 **이에나가 사부로**家永三郎의 **《전쟁책임》**(岩波書店, 1985)을 들어둔다. 전자는 이미 독일패전 직후 겨울, 하이델베르크대학에서 '실존철학'의 대표자 한 사람이 행한 '전쟁책임'에 관한 철학적 성찰이다. 법적, 정치적, 도덕적, 형이상학적이라는 네 가지 유명한 '죄'의 구별을 바탕으로 한 고전으로, 독일뿐만 아니라 일본의 케이스를 생각할 때도 풍부한 시사로 가득 차 있다. 후자는 전후 40년이 지나서야 비로소 등장한 일본의 전쟁책임 문제 전체를 시야에 담은 체계적인 저작이다. 부분적인 이론은 있지만, 지금도 여전히 출발점이 될 수 있는 명저라고 할 수 있다.

이 두 저서가 기본적으로는 독일과 일본의 침략전쟁 수행 당시의 '독일인', '일본인'의 책임을 문제시하고 있는 데 반해, 1990년대 들어서의 논쟁은 '전후세대'에게 전쟁책임 문제의 의미, '전후책임'론을 주요한 쟁점의 하나로 하고 있다는 데 큰 차이가 있다.

전후 50년에 해당하는 1995년, 필자가 잡지에 발표한 **가토 노리히로**加藤典洋의 《패전후론》에 대한 비판이 계기가 되어 논쟁이 발생했고, '누가' '어떠한' 책임을 지는가에 관해 많은 논의가 이루어졌다. 가토의 일련의 논고는 **《패전후론敗戰後論》**(講談社, 1997)으로 정리되었고, 필자의 논의는 **《전후책임론戰後責任論》**(講談社, 1999)으로 정리되었다. 후자는 이 책에서 필자가 행한 논의의 기초가 되기 때문에 참조해준다면 다행스러운 일이다.

일본의 전쟁책임자료센터에서 엮은 **《내셔널리즘과 '위안부' 문제》**(青木書店, 1998)는 요시미 요시아키吉見義明, 우에노 치즈코上野千鶴子, 서경식, 그리고 필자가 패널로 참여해 진행된 심포지엄의 기록과 그것에 관한 김부자, 오카 마리岡眞理 등의 논고를 합해서 하나의 책으로 만든 것이다. 여기서는 내셔널리즘, 페미니즘, (포스트)콜로니얼리즘 등 여러 문제가 뒤얽힌 가운데 '일본인으로서의 책임' 문제가 부상했다. 젠더에 의한 '국민국가'의 해체라는 **우에노**上野의 모티브는 이 책의 제3부에서 부분적으로 거론된 **《내셔널**

리즘과 젠더》(青木社, 1998)에서 전면적으로 전개되었다. **오카**岡眞理가 자신의 논고 〈우리들은 어떻게 스스로 이름을 내걸고 나설 수 있을까—식민지주의적 권력관계에 관한 비망록〉에서 우에노를 비판한 모티브는 **그녀의 다른 저서**인 **《그녀의 '올바른' 이름이란 무엇인가—제3세계 페미니즘 사상》**(青木社, 2000)과도 기본적으로 통한다. **서경식**과 **필자**의 연속대화를 정리한 **《단절의 세기, 증언의 시대—전쟁 기억을 둘러싼 대화》**(岩波書店, 2000)는 20세기 역사에 바탕을 두고 90년대 이후의 새로운 상황에 대한 의미를 논한 것으로 가토, 우에노 논의와의 대조도 포함되어 있다.

《내셔널리즘과 '위안부' 문제》는 예상 밖의 파문을 불러일으켰다. **하나자키 코헤**花崎皋平의 **〈《탈식민지화》와 《공생》의 과제〉**(상·하, 《みすず》 1999년 5월호·6월호)가 서경식과 오카岡眞理의 '커뮤니케이션 모드'에 대해 이론을 제기했기 때문이다. **서경식**은 곧바로 **〈당신은 어느 장소에 앉아 있는가?—하나자키 코헤**花崎皋平 **씨에 대한 항변〉**(《みすず》 1999년 8월호)을 통해 반론했다. 이 문제에 관해서는 하나자키花崎, 테사 모리스 스즈키, 그리고 필자 세 사람이 보고자가 되어 진행한 원탁회의 기록인 **《people's plan 연구·제9호—특집·전쟁책임/전후책임의 질문 방법》**(2000년 7월)에도 관련 논의가 실려 있다. 또한 '시민파' 정치학자의 입장에서 '메이지국가' 이래 동화정책, 전쟁책임론, 집합적 기억 문제를 다룬 최근의 연구인 **이시다 다케시**石田雄의 **《기억과 망각의 정치학—동화정책·전쟁책임·집합적 기억》**(明石書店, 2000)도 참고가 된다.

제2부의 〈역사와 이야기〉 관계로는 먼저 '역사 서사학'의 기본 문헌으로 **아서 콜맨 단토Arthur Coleman Danto**의 **《이야기로서의 역사—역사의 분석철학》**(河本英夫 옮김, 國文社, 1989)과 **헤이든 화이트Haden White**의 ***The Hisorical Imagination in Nineteenth-Century Europe***(Johns Hopkins university Press, 1973)을 들 수 있다. 전자는 분석철학 수법에 의해 '서사체 문장narrative sentence'을 중심으로 역사 서술의 기초적 부분을 해명한 것이다. 후자는 19세기 서구의 역사가와 역사철학자의 서술을 '수사학적' 관점에서 분석하고 이를 '역사의 시학詩學'으로 부르자는 입장을 제시한 것이다. **폴 리쾨르**의 **《시간과 이야기》**(久米博 옮김, 新曜社, 전3권, 1987·88·90)는 해석학적 철학의 권위자에 의한 서사학의 명저다.

이것들을 의식하면서 일본에서 처음으로 나타난 철학적인 '역사 서사학'의 시도가 **노에 게이치野家啓一**의 **《이야기의 철학—야나기타 쿠니오柳田国男와 역사의 발견》**(岩波書店, 1996)이다. 과학철학에도 밝은 노에野家는 여기에서 '과학과 문학과 철학'을 '이야기'에 의해 '근본적으로 결부시킨다'는 대담한 구상을 피력한다. 이 책에서 필자는 몇 가지 이론을 제기했는데, 양자의 입장stance 차이는 졸저 **《기억의 에티카—전쟁·철학·아우슈비츠》**(岩波書店, 1995)까지 거슬러 올라가 읽어본다면 이해하기 쉬울지도 모른다. 노에도 필자도 비판적인 '국민 이야기' 론자의 저서로는 **사카모토 다카오坂本多加雄**의 **《역사교육을 생각한다》**(PHP新書, 1998)가 있다. **《신·철학강의 8—역사와 종말론》**(岩波書店, 1998년)은 철학·사상

사계 논자들에 의한 역사 서술과 역사의식 관련 논집이다. **솔 프리드랜더**가 엮은 《아우슈비츠와 표상의 한계》(未來社, 1994)는 사건의 표상 (불)가능성을 둘러싼 연구회의를 기록한 것으로, 헤이든 화이트, 카를로 긴즈부르그, 도미니크 라카프라 등의 논고를 수록했다. 〈사고의 프런티어〉 시리즈 중에 **오카 마리**岡眞理의 **《기억/이야기》**(岩波書店, 2000)도 사건과 그 기억, 그리고 이야기를 둘러싼 섬세한 고찰이라고 할 수 있다. 역사의 침묵, '증언' 되지 않는 '이야기' 에 접근한 이색적 작품인 **이정화**의 **《중얼거림의 정치사상》**(青木社, 1998)도 중요하다.

제2부와 제3부에 걸쳐 트라우마 기억과 이야기 사이의 관계를 문제로 삼았다. 이 문제의 기본문헌으로는 뭐니 해도 **주디스 루이스 허먼Judith Lewis Herman**의 **《심적 외상과 회복》**(中井久夫 옮김, みすず書房, 1996)일 것이다. 트라우마로부터의 회복이 이야기하는 일의 가능과 불가능을 둘러싼 투쟁에 다름 아니었다는 사실을 그 사회적·정치적 사정거리까지 포함해 잘 이해시켜준다. 트라우마 기억을 둘러싼 사상적 제문제를 조감하기 위해서는 **캔 칼스**가 엮은 **《트라우마에 대한 연구—증언과 가능성과 불가능성》**(下河辺美知子 옮김, 作品社, 2000)을 읽는 것이 좋다. 여기에 트라우마와 이야기를 매개하는 '목소리' 문제에 주목해 역사를 논한 독특한 시도인 **시모코우베 미치코**下河辺美知子의 **《역사와 트라우마—기억과 망각의 메커니즘》**(作品社, 2000)도 있다.

제3부의 〈역사와 판단〉과 관련해서는 먼저 법과 정의와 판단을

둘러싼 두 가지 다른 유형의 사고로서 **한나 아렌트**의 **《예루살렘의 아이히만》**(大久保和郎 옮김, みすず書房, 1969)과 **자크 데리다**의 **《법의 힘》**(堅田研一 옮김, 法政大學出版局, 1999)을 들 수 있다. 전자에서는 처음에 홀로코스트를 그 '이해 불가능성'을 이유로 '용서도 벌하는 일도 할 수 없는 악'이라고 언급했던 아렌트가 나치전범 재판이라는 구체적 사례에 임하면서 어떻게 '판결한다 즉 판단한다'는 일의 중요성을 설명했는지 하는 점이, 후자에서는 '모든 것은 텍스트다'라고 주장한 데리다가 모든 법의 탈구축 가능성과 정의의 탈구축 불가능성의 틈 사이에서 '판단하는 일'의 의미를 어떻게 논했는지가 핵심이다.

일본군 '위안부' 문제의 법적 측면을 이해하기 위해서는 먼저 **도즈카 에쓰로**戸塚悦朗의 **《일본이 모르는 전쟁책임—유엔 인권활동과 일본군 '위안부' 문제》**(現代人文社, 1999)를 반드시 읽어야 한다. 1992년에 이 문제가 유엔인권위원회에서 제기된 이후 국제사회에서 어떻게 논해져왔는지, 또한 일본 정부가 어떻게 움직여왔는지를 동시진행형으로 상세하게 추적한 내용을 집대성한 것이다. 책임자 처벌 문제에 가장 깊숙이 개입하며 법적 책임을 인지한 게이 맥두걸 보고서는 **바우네트 재팬VAWW-NET Japan**에서 편역한 《전시·성폭력을 어떻게 심판하는가》(凱風社, 1998)에 완역되어 있다. 1990년대 국제인도법의 새로운 전개와 관련해 '위안부' 문제를 이해하기 위해서는 **마에다 아키라**前田朗의 **《전쟁범죄론》**(青木書店, 2000)이 가장 적합하다.

'일본군 성노예제를 심판하는 여성국제전범법정' 에 관해서는 그 역사적·사상적 의의에 관한 고찰도 포함해 바우네트 재팬이 모든 기록을 일본어로 출판하려고 하고 있다. 제1권 **《전범재판과 성폭력》**, 제2권 **《가해의 정신구조와 전후책임》**, 제3권 **《'위안부'·전시 성폭력의 실태 I —일본·대만·조선편》**, 제4권 **《'위안부'·전시 성폭력의 실태 II —중국·동남아시아·태평양편》**, 제5권 **《여성국제전범법정·전기록》**의 총 5권으로, 2000년에 제4권까지 출판되었다(緑風出版).* 제2권에 수록된 **서경식**의 **〈《일본인으로서의 책임》 재고—곰곰이 생각된 의도적 태만〉**은 이 책 제1부와 관련된 서경식 논의가 한층 전개되어 나아간 것이다. '여성국제전범법정' 기도에 힌트를 준 '러셀 법정' 에 관해서는 **베트남의 전쟁범죄 조사일본위원회**에서 편역한 **《러셀 법정—베트남에서의 전쟁범죄 기록》**(人文書院, 1967), **《속 러셀 법정—전쟁범죄국제법연최종판결의 기록》**(人文書院, 1968)에 귀중한 기록이 게재되어 있다.

* [옮긴이주] 제5권은 《女性国際戦犯法廷の全記録(日本軍性奴隷制を裁く —2000年女性国際戦犯法廷の記録)》이라는 이름으로 2002년 5월 출판되었다.

저자 후기

본문 교정을 진행하면서 '일본군 성노예제를 심판하는 여성국제전범법정'을 방청하고 목격하게 되었다. 관계자의 노력에 의해 '법정'은 많은 곤란을 극복하고 예정대로 12월 8일에 개막되어 30개국에서 연일 1,200명 정도의 사람들이 참가한 후, 12일에 폐막되었다. 재판관의 '판결'이 어떻게 될지는 결코 예측을 허락하지 않았지만, 예상을 뛰어넘는 훌륭한 것이 되었다고 생각한다. 여기서는 '법정' 종료 직후의 감상으로 '후기'를 대신하고자 한다.

'판결' 전 하루를 충당해 진행된 '현대 분쟁 하의 여성에 대한 폭력' 국제공청회를 포함해 총 5일 내내 반복해서 언급된 것은 '침묵을 깬다'는 사실의 중요성이었다. 판사, 검사를 포함한 참가자 전원이 길고 무거운 침묵을 깨고 증언한 피해자들의 용기를 칭찬했다.

구일본군 '위안소' 제도와 군사적 성폭력의 생존자들이 마침내 9개 나라와 지역으로부터 총 75명 이상 한자리에 모였다. 자국의 검사 심문에 또박또박 대답하는 사람, 오열을 금치 못하고 말하는데 곤란을 일으킨 사람, 일본 정부의 대응에 분노를 노골적으로 드러내는 사람 등 피해자 증인의 표정도 다양했지만, 일본 정부가

착실하게 책임을 인정하기 바란다는 점에서는 전원이 일치하고 있었다.

중국인 피해자인 완아이화万愛花 씨가 증언 중에 정신을 잃고 쓰러졌을 때는 한순간 얼어붙는 듯한 긴장이 회장을 감돌았지만, 다행히 적절한 조치로 인해 아무 일도 없었다. 인도네시아로부터의 독립하기 위해 여전히 곤란한 상황에 있는 동티모르에서도 최근 이름을 밝힌 2명의 생존자가 출정해 공공 장소에서 처음으로 자신의 이야기를 했다. 그 한 사람인 에스메랄다 보에 씨의 말이다. '우리들은 정의를 요구하고 있습니다. 일본 정부가 책임을 지기 바랍니다. …… 우리들이 말하는 것은 진실입니다. 거짓말을 하기 위해 여기에 온 것이 아닙니다. 일본을 구경하러 온 것도 아닙니다. 진실을 말하기 위해 온 것입니다.'

각국별·지역별 검사단은 이들 여성들의 피해가 역사적 사실이었음을 입증하기 위해 전력을 다했다. 한국과 북한이 분단을 넘어 합동검사단을 조직하고 합동기소장을 제출할 수 있었던 것은 6월 남북정상회담이 성공한 덕택이었다. 단, 한국정신대문제대책협의회 윤정옥 대표에 따르면 남북 간에는 아직 직접적인 연락을 취할 수 없어 도쿄를 거쳐 소통했기 때문에 합동기소장을 작성하는 데 엄청난 고생을 했다고 한다.

일본검사단은 잊히기 쉬운 일본인 '위안부' 피해를 또다시 제기함과 동시에 역사가와 국제법의 세계적 권위자를 전문가 증인으로 초청해 천황 군대의 시스템과 국제법 하에서의 개인의 배상 청구권에 관해 설득력 있는 논증을 행했다. 가해자 측 증인으로 2명의 전 일본군 병사가 각각의 죄를 고백하고 '전쟁의 역겨움을 알리기 위해 부끄러움을 참고 출정했다' 고 말했을 때는 회장 전체로부터 떠나갈 듯한 박수가 터져 나왔다. 피해국으로부터의 참가자들도, 피해자들도 박수를 쳤다.

모든 검사단은 쇼와 천황과 구군舊軍·정부고관 25명 이상을 개인 자격으로 기소했지만, 이들 '피고' 는 모두 고인이었다. 또한 검사단이 일본국의 국가책임을 추궁하고, 법정이 사전에 일본 정부에게 출정을 요청했지만, 일본 정부는 출정하지 않았다. 때문에 법정은 영미법에서 사용되는 법정 참고인amicus curiae 개념을 채용했고, 이에 따라 이마무라 쓰구오今村嗣夫 변호사가 법정의 정당한 절차due process에서 문제가 될 수 있는 점에 주의를 요하면서 지금까지의 일본 정부 측 주장을 소개했다.

4명의 재판관과 2명의 수석검사는 모두 저명한 국제법 전문가다(바그와티 인도최고재판소 전前 장관은 병 때문에 결석해지만, 2001년 3월에 나오는 '판결' 전문의 작성에는 참가할 예정이다). 그 중에서도 가브리엘 맥도널드 재판장이 유엔의 구유고슬라비아국제형사재판소의 전前 소장 패트리샤 세라즈 수석검사와 같은 구유고슬라비아국제형사재판소의 현역 법률고문(젠더범죄 담당)이며, 르완다국제형사재판소의 법률고문(젠더범죄 담당)이라는 사실은 대서특필할 만하다. 그것은 이 법정이 1990년대 들어 비약적으로 발전한 국제인도법(제3부 참조)의 최첨단에 위치하는 것을 보여주고 있기 때문이다.

맥도널드 재판장과 세라즈 수석검사는 둘 다 아프리카계 미국인 여성이다. 세라즈 검사는 법정에 앞서 '흑인노예의 자손'으로 '성노예'가 된 전 '위안부'들의 호소에 각별한 공감을 느낀다고 말했다. 맥도널드 재판장과 세라즈 수석검사의 참가로 인해 이 법정은 틀림없이 대단히 깊은 역사적 깊이를 갖게 될 것이다.

'판결요지' 언도의 첫머리, 4명의 재판관은 이 법정에서 이루어진 피해자 증언 중에서 몇 가지 단어를 끄집어내 교대로 차례차례 읽어내려갔다. 그것은 국제법 전문가들이 역사로부터 배제되거나 말소되고 있던 여성들의 아픔을 조금이라도 자신의 몸으로 느끼고, 피해자의 목소리를 법의 공간에 울려 퍼지게 하려고 시도한 진지한 노력이 아니었을까. 여기서 필리핀의 마크시마 레가라 데라 크리스 씨는 이런 말도 했다. '우리들은 집으로 돌아가 울었습니다. 누구에게도 말할 수 없었습니다. 말했다면 벌을 받게 되었겠죠. 그것은 너무나 수치스러운 일이었기 때문에 우리들은 깊은 구멍을 파고 과거를 거기에 묻었던 것입니다.'

맥도널드 재판관은 이 법정이 어떠한 국가권력으로부터도 독립된 '사람들people의 법정'임을 반복해서 강조했다. 그리고 구일본군의 '위안소' 제도와 군사 성폭력이 국제법 위반 '인도人道에 대한 죄'에 해당한다며, 군최고사령관이었던 쇼와 천황의 '유죄'와 일본의 국가책임을 명확히 인정했다. 천황 이외의 '피고'들에 대한 책임에서는 개별적으로 상세한 심사가 필요하다며 2001년 3월

'판결' 전문의 발표까지 신중하게 유보되었다.[95] 더욱이 전후 반 세기나 배상받지 못한 피해자들의 손해에 대해 당연히 '맨 먼저' 일본 국가에게 책임이 있다고 하면서도 도쿄 재판 시점에서 증거를 손에 쥐고 국제법상 소추 근거를 가지면서 일본군의 성노예제를 면책시킨 '연합국'에게 '최초의' 책임이 있다고 말한 점도 주목할 만하다. 물론 이 법정의 주된 역할은 구일본군 범죄와 전후 일본 정부의 무책임을 묻는 것이었다. 그렇지만 심판해야 할 것을 심판하지 않았던 도쿄 재판의 비판이라는 의미도 갖고 있다는 것이다. 국가가 '인도에 대한 죄'를 저지르고 그 책임을 지지 않을 때는 국경을 초월한 '사람들'이 연대해서 이를 바로잡을 필요가 있다는 맥도널드 재판장의 말은 러셀 법정의 정신을 계승하고 국제법의 미래에도 관련되는 중요한 인식을 포함하고 있다.

'일본군 성노예제를 심판하는 여성국제전범법정'은 그야말로 침묵을 깬 전 '위안부'들의 '재심' 청구에 부응해 국가나 국민 '이야기'와의 항쟁 속에서 세계 '사람들'이 법적으로 타당한 '판단'을 형성하려 한 독창적인 사건이었다고 필자는 생각한다. 일본 정부에게 법적 책임이 있다고 하는 '판단'이 다시 한 번, 더욱이 독창적인 형식으로 내려졌다. 마침내 일본 정부의, 그리고 일본 정부를 받드는 일본 국민의 책임이 무거워진 것이다.

마지막으로 이와나미쇼텐 출판사 편집부 사카모토 마사모리坂本政謙 씨에게는 이 책의 탈고가 늦고 또 늦은 점에 대해 진심으로 사과하지 않을 수 없다. 그리고 지금 간신히 탈고에 이른 데 대해 깊이 감사를 표한다. 수많은 폐를 끼치고 수많은 도움을 받았다. 원래 〈역사수정주의〉로 쓰고 싶다고 말한 나에게 〈역사/수정주의〉로 해야 한다고 강하게 권한 것은 사카모토 씨였다. 그 예지에 감탄한다. 〈역사수정주의〉로 썼다면 필자는 벌써 의욕을 잃었을 것이고, 따라서 이 책은 햇빛을 보지 못했을 것이다. 사카모토 씨는 이 책을 시작하게 만든 사람이자 생명의 은인이다.

지쿠마쇼보筑摩書房의 아오야마 아키히코青山昭彦 씨에게도 자료 일로 많은 도움을 받았다. 이름을 적어 감사하고 싶다.

2000년 12월 15일

다카하시 데쓰야高橋哲哉

부기

두 번째 중판에 임해 종래 69쪽, 73~74쪽에 있었던 벤야민 비르코미르스키 《단편》(大月서점, 1997)에 관한 언급 및 그 책으로부터의 인용을 삭제했다. 모두 트라우마 기억의 증언 예로 비르코미르스키의 표현을 들었던 부분인데, 2001년 5월 파리 체재 중에 사서 읽은 노르만 핀켈슈타인Norman G. Finkelstein의 *L' industrie de l' Holocaust*(La fabrique, 2001)를 통해 《단편》 이야기의 '사실성'에 의문이 있음을 알았기 때문이다. 새삼스레 말할 것까지도 없이 증언의 사실성, 허구성, '진실성' 등을 둘러싼 문제는 이 책의 주제와도 깊은 관계가 있는 복잡하고도 곤란한 문제다. 비르코미르스키의 예에 관해서도 오사다長田弘 씨는 유럽에서의 '위서僞書' 논쟁에 입각하면서 '거짓말로 쓰인 진실' 또는 '진실로 쓰인 거짓말'이라는 시점에서 독자적이고도 흥미 깊은 해석을 개진했다(長田弘, 〈읽는다. 무엇을?〉, 《みすず》 482, 2001년 5월). 이에 대해서는 많은 문제점이 있지만, 여기서 다 논할 수 있는 문제가 아니기 때문에 삭제 조치를 취하기로 했다. 이해해준다면 다행이다.

2001년 6월 5일

옮긴이 후기

한민족이 일본제국주의의 식민 지배로부터 벗어난 지 어느덧 70년이 흘렀다.

다카하시 교수는 《역사/수정주의》라는 이 책을 빌려 한국과 일본 간, 또는 일본 국내에서조차 70년이 지난 지금까지 아직 해결되거나 풀리지 않은 문제에 대해 역사와 책임, 역사와 이야기, 역사와 판단이라는 주제로 독자와의 대화를 시도하고 있다.

먼저 역사와 책임에서는 과연 과거 역사에 대한 책임을 누가, 어떻게, 언제까지 져야 하는 것일까라는 이야기로 일본의 식민지 지배와 전쟁책임 문제를 언급한다. 둘째, 역사와 이야기에서는 현재 일본에 만연하는 역사수정주의적 사고를 거론하며, 선택과 배제, 윤리 그리고 말해진 것과 말해지지 않은 것 등을 통해 역사는 (국민의) 이야기라는 테제에 반론을 제기한다. 마지막으로 역사와 판단에서는 국가와 국가 간, 국가와 개인 간, 개인과 개인 간의 다양하고 나아가 극명하게 항쟁하는 이야기 속에서 역사가 어떤 판단을 해야 하는지 논한 후, 다양한 이야기에 직접 관여해 공정하고도 올바른 판단을 내리는 일이야말로 책임을 지기 위한 필수전제 조건이라는 사실을 강조한다.

2015년, 한국에서는 광복70주년 행사, 중국에서는 항일승리 70주년 열병식이 대대적으로 개최되었다. 그리고 일본에서는 아베 총리의 종전70년 담화가 있었다. 옮긴이는 최근 한층 우경화되어 가는 일본의 역사수정주의적 분위기를, 이를 주도하는 아베의 담화를 언급하는 것으로 후기를 대신하고자 한다.

> 백년도 더 전의 세계에는 서구를 중심으로 한 여러 나라들의 광대한 식민지가 확산되었고, 압도적인 기술 우위를 배경으로 한 식민지 지배의 물결이 19세기 아시아로 몰려왔다. 그 위기감이 일본을 고무시켜 일본은 아시아 최초로 입헌정치를 세우고 독립을 지켜냈다. 러일전쟁은 식민지 지배하에 있던 많은 아시아와 아프리카의 사람들을 고무시켰다. 1차 세계대전으로 민족 자결의 움직임이 퍼져 이때까지의 식민지화에 제동이 걸리면서 전쟁 자체를 불법화하는 새로운 국제 사회의 조류가 생겨났다. 처음에는 일본도 보조를 맞추려 했지만, 대공황이 일어나 일본 경제가 큰 타격을 받으며 고립감이 심해졌다. 외교·경제적으로 막다른 골목에 몰린 일본은 힘의 행사를 통한 해결을 시도했고, 일본의 정치 시스템은 제동을 걸 힘이 부족했다.

아베는 말한다. 일본은 서구 침략으로부터 아시아를 지켜냈고, 당시 전 세계에 만연된 식민지 쟁탈에 동참했을 뿐이라며, 전쟁은 서구가 일본을 고립시켜 일어난 어쩔 수 없는 선택이었다고 말이다. 그래서 일본의 식민지 지배와 전쟁은 모두 시대와 상황 탓이라고 말한다.

> 전후 70년을 즈음해 국내외에서 목숨을 잃은 모든 사람들의 생명 앞에 깊이 머리를 숙이고 통석痛惜의 염念을 표하며, 영겁의 애도를 바친다. …… 교전을 했던 나라들에서도 미래의 젊은이들이 수없이 목숨을 잃었다. 중국, 동남아시아, 태평양 섬 등 전쟁이 벌어진 지역에서는 전투뿐 아니라 식량난 등으로 많은 무고한 백성이 희생되었고, 전쟁의 그늘에는 명예와 존엄에 깊은 손상을 입은 여성들이 있었다는 것도 잊어서는 안 된다. …… 일본은 인도네시아, 필리핀을 비롯한 동남아 국가, 대만, 한국, 중국 등 이웃한 아시아 사람들이 걸어온 고난의 역사를 가슴에 새기고 전후 일관되게 평화와 번영을 위해 힘써왔다. …… 우리는 20세기에 전쟁 하의 많은 여성들의 존엄과 명예가 깊은 상처를 입은 과거를 계속 가슴에 새기고, 여성의 인권이 손상되지 않는 세기가 될 수 있도록 세계를 선도하겠다.

아베는 말하지 않는다. 일본이 한국을 식민지 지배했다고, 전쟁과 강제노동에 징용되거나 휩쓸린 사람들, 강제로 끌려간 위안부여성 등 수많은 한국인들이 무참히 희생당했다고 말하지 않는다. 일본 정부와 일본인이 한국인, 특히 강제 동원된 군인과 노동자, 그리고 위안부여성에게 엄청난 잘못을 저질렀음을 인정하기는커녕 이야기조차 하지 않는다. 그러면서 말한다. 과거에 일본으로 인한 많은 희생을 가슴에 새기고 앞으로 잘 하겠다고 말이다.

> 일본은 앞선 대전을 일으킨 것에 대해 반복해서 통절한 반성과 마음으로부터의 사죄를 표명했다. …… 일본에서는 전후 태어난 세대가 이제 인구의 80퍼센트가 넘는다. 그 전쟁과 아무 관계가 없는 우리의 아이나 손자, 그리고 그 후 세대의 아이들에게 사과라는 숙명을 계속 짊어지도록 할 수는 없다. 그럼에도 불구하고, 우리 일본인은 세대를 넘어 과거의 역사를 정면으로 마주하지 않으면 안 되며, 겸허한 마음으로 과거를 계승하고 미래로 인도할 책임이 있다.

아베는 말한다. 일본이 여태까지 반복해서 사죄해왔는데, 전쟁과 관련 없는 후손에게까지 사과하게 만들 수는 없다고 말이다. 그러면서 (더 이상 사과는 하지 않겠지만) 과거를 계승하고 미래로 나아가겠다고 아베는 말한다.

한국과 일본의 신뢰와 평화로 가득 찬 앞날은 멀고도 험난해 보인다.

일본에 다카하시 교수와 같은 분들이 점점 더 줄어드는 것은 아닌지 염려된다.

우리들 한국인이 풀어야 할 숙제와 해야 할 일이 참으로 많다.

2015년 8월

김성혜

주석

1 〈새로운 역사 교과서를 만드는 모임新しい歴史教科書をつくる会〉 취지서趣意書, 1997년 1월 30일.

2 〈新しい歴史教科書をつくる会〉 창설에 따른 성명創設にあたっての声明, 1996년 12월 2일.

3 이에나가 사부로家永三郎, 《전쟁책임戰爭責任》, 岩波書店, 309쪽.

4 家永三郎, 《戰爭責任》, 311쪽.

5 서경식/일본의 전쟁책임자료센타 엮음日本の戰爭責任資料センター編, 〈《일본인으로서의 책임》을 둘러싸고—반난민의 입장에서〈日本人としての責任〉をめぐって—半難民の立場から〉, 《내셔널리즘과 '위안부' 문제ナショナリズムと「慰安婦」問題》, 青木書店, 1998년, 167쪽.

6 한나 아렌트Hannah Arendt, 大川正彦 옮김, 〈집단의 책임集団の責任〉, 《현대사상現代思想》 1997년 7월호.

7 서경식·바우네트 재팬 엮음バウネット·ジャパン編, 〈《일본인으로서의 책임》 재고—곰곰이 생각된 의도적 태만〈日本人としての責任〉再考—考え抜かれた意図的怠慢〉, 《가해의 정신구조와 전후책임加害の精神構造と戰後責任》, 緑風出版, 2000년, 252쪽.

8 서경식, 〈《日本人としての責任》 再考—考え抜かれた意図的怠慢〉, 253쪽.

9 유일한 예외는 네덜란드인 여성을 '위안부'로 한 케이스가 심판된 바타비아 재판[1948년 판결]이다.

10 칼 야스퍼스Karl Theodor Jaspers, 《전쟁의 죄를 묻는다戰爭の罪を問う》, 平凡社ライブラリー, 1998.

11 위르겐 하버마스Jürgen Habermas, 三島憲一 옮김, 〈역사의 공적 사용에 관해歴史の公的使用について〉, 《지나가려고 하지 않는 과거—나치즘과 독일역사가 논쟁過ぎさそうとしない過去—ナチズムとドイツ歴史家論争》, 人文書院, 1995, 201쪽.

12 Tessa Morris-Suzuki, 〈오욕의 기억을 둘러싸고汚辱の記憶をめぐって〉, 《群像》 1995년 3월호; 高橋哲哉, 《전후책임론戰後責任論》, 講談社, 1999, 197쪽.

13 Tessa Morris-Suzuki, 〈불온한 묘비不穏な墓標〉, 別冊 《세계 서평의 숲世界　書評の森 97~98》, 40쪽.

14 Tessa Morris-Suzuki, 〈내셔널리즘과 전쟁/전후책임ナショナリズムと戦争/戦後責任〉, 《people's plan 연구ピープルズ·プラン研究》 vol. 3, no. 3, 15쪽.

15 高橋哲哉, 《戦後責任論》, 219쪽 이하.

16 이 삼분법 자체는 〈불온한 묘비〉이후의 것이다.

17 Tessa Morris-Suzuki, 〈ナショナリズムと戦争/戦後責任〉, 17쪽.

18 사카모토 다카오坂本多加雄, 《역사교육을 생각한다—일본인은 역사를 되돌릴 수 있는가 歴史教育を考える—日本人は歴史を取り戻せるか》, PHP新書, 1998, 62쪽.

19 坂本多加雄, 《歴史教育を考える—日本人は歴史を取り戻せるか》, 39·59·75·200쪽 등.

20 이와자키 미노루岩崎稔, 〈《국민 이야기》에 대한 욕망을 비판할 근거란? 《国民の物語》への欲望を批判する根拠とは?〉, 《世界》 1997년 10월호, 90쪽.

21 岩崎稔, 〈글로벌화와 국민국가에 대한 질문グローバルと国民国家への問い〉, 별책 《세계 서평의 숲 世界　書評の森97~98》, 134~135쪽.

22 노에 게이치野家啓一, 〈역사 서사학歴史のナラトロジー〉, 《신철학강의 8—역사와 종말론新哲学論義8-歴史と終末論》, 岩波書店, 1998, 20~21쪽.

23 野家啓一, 〈歴史のナラトロジー〉, 73쪽.

24 野家啓一, 〈歴史のナラトロジー〉, 19쪽; 中村雄二郎·野家啓一, 《역사歴史》, 岩波書店, 2000, 125쪽 등.

25 野家啓一, 《이야기의 철학—야나기타 쿠니오와 역사의 발견物語の哲学—柳田国男と歴史の発見》, 岩波書店, 1996, 128쪽.

26 野家啓一, 《物語の哲学》, 19쪽.

27 野家啓一, 《物語の哲学》, 161쪽.

28 野家啓一, 《物語の哲学》, 162쪽.

29 中村雄二郎·野家啓一, 《歴史》, 199쪽.

30 野家啓一, 《物語の哲学》, 72쪽.

31 中村雄二郎·野家啓一, 《역사》, 40쪽.

32 野家啓一, 〈歴史のナラトロジー〉, 71쪽.

33 野家啓一, 《物語の哲学》, 126~127·162쪽.

34 野家啓一, 〈歴史のナラトロジー〉, 72~74쪽.

35 野家啓一, 《物語の哲学》, 147~148쪽.

36 野家啓一, 〈歴史のナラトロジー〉, 21~22쪽.

37 위르겐 하버마스Jürgen Habermas, 辰巳伸知 옮김, 〈일종의 손해배상—독일에서의 현대사기술 변호론적 경향—種の損害補償—ドイツにおける現代史記述の弁護論的傾向〉; 三島憲一 옮김, 〈역사의 공적 사용에 관해—독일연방공화국의 공식적 자기이해가 붕괴되고 있다歴史の公的使用について—ドイツ連邦共和国の公式の自己理解が壊れつつある〉,

《지나가려고 하지 않는 과거過ぎ去ろうとしない過去》 수록.

[38] 野家啓一, 〈歴史のナラトロジー〉, 71쪽.

[39] 野家啓一, 〈歴史のナラトロジー〉, 21·72·76쪽.

[40] 野家啓一, 《物語の哲学》, 13쪽.

[41] 野家啓一, 《物語の哲学》, 243쪽.

[42] 가메이 가쓰이치로亀井勝一郎, 《현대사의 과제現代史の課題》, 中央公論社, 1957, 168~169쪽.

[43] 도야마 시게키·이마이 세이치·후지와라 아키라遠山茂樹·今井清一·藤原彰, 《쇼와사昭和史》, 岩波新書, 1955.

[44] 亀井勝一郎, 《現代史の課題》, 22~23쪽.

[45] 亀井勝一郎, 《現代史の課題》, 33·39·52·76쪽.

[46] 野家啓一, 《物語の哲学》, 263쪽.

[47] 野家啓一, 《物語の哲学》, 89쪽.

[48] 野家啓一, 《物語の哲学》, 23쪽.

[49] 野家啓一, 《物語の哲学》, 73~74쪽.

[50] 中村雄二郎·野家啓一, 《歴史》, 178쪽.

[51] 野家啓一, 《物語の哲学》, 27쪽.

[52] 《야나기타 쿠니오 전집柳田国男全集》(치쿠마문고판ちくま文庫版) 제29권, 40쪽.

[53] 《柳田国男全集》 제29권, 56쪽.

[54] 《柳田国男全集》 제29권, 56쪽.

[55] 《柳田国男全集》 제26권, 499쪽.

[56] 《柳田国男全集》 제26권, 485~486쪽.

[57] 《柳田国男全集》 제26권, 516~518쪽.

[58] 이로카와 다이키치色川大吉, 《야나기타 쿠니오—서민문화론柳田国男—常民文化論》, 講談社, 1978.

[59] 野家啓一, 《物語の哲学》, 87쪽.

[60] 高橋哲哉, 《기억의 에티카記憶のエチカ》, 岩波書店, 1995, 5쪽.

[61] 中村雄二郎·野家啓一, 《歴史》, 42쪽.

[62] 野家啓一, 《物語の哲学》, 118쪽.

[63] 高橋哲哉, 《記憶のエチカ》, 18쪽.

[64] 高橋哲哉, 《記憶のエチカ》, 44쪽.

[65] 野家啓一, 《物語の哲学》, 18쪽.

[66] 野家啓一, 《物語の哲学》, 162쪽.

[67] 주디스 루이스 허먼Judith Lewis Herman, 나카이 히사오中井久夫 옮김, 《심적 외상과 회

복心的外傷と回復》, みすず書房, 1996, 53~54쪽.

68 반 데아 코크Van der Kolk·반 데아 허트Van der Hart, 〈침입하는 과거—기억의 유연성과 트라우마의 각인侵入する過去—記憶の柔軟性とトラウマの刻印〉, Cathuy Carutu 엮음, 下河辺美知子 옮김, 《트라우마에 대한 탐구トラウマへの探求》, 作品社, 2000, 260~262쪽.

69 Judith Lewis Herman, 《心的外傷と回復》, 275~276쪽.

70 Judith Lewis Herman 《心的外傷と回復》, 231쪽.

71 高橋哲哉, 《記憶のエチカ》, 31쪽.

72 Judith Lewis Herman, 《心的外傷と回復》, 115쪽.

73 구와야마 노리히고桑山紀彦 외, 〈중국인 전 〈위안부〉의 심적 외상과 PTSD中国人元〈慰安婦〉の心的外傷とPTSD〉, 《전쟁책임연구戦争責任研究》제19호.

74 Judith Lewis Herman/中井久夫 역, 《心的外傷と回復》, 4~5쪽.

75 마에다 아키라前田朗, 《전쟁범죄론戦争犯罪論》, 青木書店, 2000, 8쪽.

76 우에다 치즈코上野千鶴子, 《내셔널리즘과 젠더ナショナリズムとジェンダー》, 青土社, 1998, 143~144쪽.

77 上野千鶴子, 《ナショナリズムとジェンダー》, 175쪽.

78 上野千鶴子, 《ナショナリズムとジェンダー》, 174쪽.

79 上野千鶴子, 《ナショナリズムとジェンダー》, 13쪽.

80 上野千鶴子, 《ナショナリズムとジェンダー》, 144쪽.

81 〈아시아 태평양지역의 전쟁희생자를 생각하고 마음에 새기는 집회アジア·太平洋地域の戦争犠牲者に思いを馳せ心に刻む集会〉, 實行委員會 엮음, 《나는 〈위안부〉가 아니다—일본의 침략과 성노예私は〈慰安婦ではない—日本侵略と性奴隷》》, 아시아의 소리アジアの声 제11집, 東方出版, 1997, 108쪽.

82 Judith Lewis Herman, 中井久夫 옮김, 《心的外傷と回復》, 105쪽.

83 Judith Lewis Herman, 中井久夫 옮김, 《心的外傷と回復》, 283쪽.

84 上野千鶴子, 《ナショナリズムとジェンダー》, 11~12·144쪽 등.

85 한나 아렌트Hannah Arendt, 大久保和郎 옮김, 《예루살렘의 아이히만イェルサレムのアイヒマン》, みすず書房, 1969, 227쪽.

86 Marc Bloch, $Apologie pour l'histoire, ou Metier d'hisorien$(Armand Colin, 1997).

87 上野千鶴子, 《ナショナリズムとジェンダー》, 82~83·162쪽.

88 高橋哲哉, 《데리다—탈구축デリダ—脱構築》, 講談社, 1998을 참조.

89 베트남에서의 전쟁범죄조사일본위원회 편역ベトナムにおける戦争犯罪調査日本委員会編訳, 〈개정에 임하며開廷にあたって〉, 《러셀 법정—베트남에서의 전쟁범죄 기록ラッセル法廷—ベトナムにおける戦争犯罪の記録》, 人文書院, 1967, 34쪽.

90 파스칼, 《팡세》.

91 하야시 히로후미林博史, 〈BC급재판—영국재판은 무엇을 심판했는가BC級裁判—イギリス裁判は何を裁いたか〉, 内海愛子·高橋哲哉 엮음, 《전범재판과 성폭력戦犯裁判と性暴力》, 緑風出版, 2000, 120쪽.

92 Hannah Arendt, 시즈미 하야오志水速雄 옮김, 《인간의 조건人間の条件》, ちくま学芸文庫, 1994, 377쪽.

93 베트남에서의 전쟁범죄조사일본위원회ベトナムにおける戦争犯罪調査日本委員会 편역編訳, 〈인류의 양심에人類の良心に〉, 《러셀 법정ラッセル法廷》, 10쪽.

94 ベトナムにおける戦争犯罪調査日本委員会 編訳, 〈개정에 임하며開廷にあたって〉, 《ラッセル法廷》, 32~33쪽.

95 "이번 여성국제법정과 판결이 도덕적 구속력을 갖고 일본정부로 하여금 이 같은 잔학행위에 대한 배상책임이 있음을 인식하고 잘못을 바로잡도록 할 뿐만 아니라, 미래 세대가 여성의 평등과 존엄성에 기초하여 앞으로 나아갈 수 있게 하길 바란다."

지난 4일 네덜란드 헤이그의 루센트 극장에서 2000년 일본군 성노예전범 여성국제법정의 최종판결이 내려졌다.

지난해 동경 여성국제법정(본지 606호 보도)에서 약식 판결을 통해 히로히토 전 일왕과 일본정부의 유죄가 선고된 지 꼭 1년 만의 일이다.

가브리엘 맥도널드(전 유고전범재판 수석판사), 카르멘 아비가이(전 국제여성법률가협회 회장), 크리스틴 친킨(런던대학 국제법교수), 윌리 무퉁가(유엔인권위원회) 등 4명의 판사단은 7개국이 공동기소한 히로히토를 포함해 각 지역 군사령관 등 10명의 피고인(명단 참조)에 대해서 강간과 성노예에 관한 반인도적 범죄로 유죄를 인정했다.

재판부는 판결문에서 일본정부에게 ▲위안소를 설치하고 운영한 것이 국제법 위반임을 인정할 것 ▲피해자에게 온전한 사과와 함께 배상할 것 ▲군대 성노예제도에 대한 진상조사기구를 설치할 것 ▲기념탑, 박물관, 도서관을 설치하여 희생자 및 생존자의 명예를 회복할 것 ▲공식·비공식 교육을 모두 지원하고 모든 교과서에 기록할 것 ▲전시, 과도정부, 점령 기간중 발생한 성범죄의 역사적 기록을 위해 '진실과 화해 위원회'의 설립을 고려할 것 ▲유해를 발굴하고 생존자를 귀환시킬 것 ▲위안소와 관련한 모든 문서와 물증들을 공개할 것 ▲위안소 설치 및 모집과 관련된 주요 범죄자들을 처벌할 것 등의 보상조치를 요구했다.

또한 이번 판결에서 특기할 만한 점은 재판부가 2차 대전 당시 연합국의 책임을 물었다는 점이다.

재판부는 연합국에게 ▲전후 극동재판에서 위안부제도 관련자와 히로히토 일왕을 기소하지 않은 이유를 밝힐 것과 이와 관련된 군대 및 정부의 모든 비밀문서를 해제할 것 ▲그동안 연합국이 위안부와 관련한 범죄 사실을 알고도 처벌하지 않은 것에 대해 인정할 것 등을 권고했다.

한편 유엔과 관련국들에게도 ▲일본정부로 하여금 희생자와 생존자들에게 완전한 배상을 하도록 필요한 조치를 취할 것 ▲국제사법재판소에 일본정부를 제소하여 권고적 의견을 구할 것 등을 촉구했다.

한국정신대문제대책협의회 측은 "재판부가 그동안 일본정부가 주장해 온 법적 책임을 부정하는 논리를 국제법에 의거하여 철저히 반박했으며, 위안부제도의 피해는 태평양전쟁 기간에 끝나지 않고 오늘도 지속되고 있다는 사실과 사과배상을 하지 않는 한 일본정부는 결코 법적·도덕적 책임을 면할 수 없다는 점을 다시 한 번 강조했다"고 최종판결의 의의를 짚었다.

이번 재판에는 남한과 북한, 중국, 대만, 필리핀, 인도네시아, 동티모르, 네덜란드, 말레이시아, 일본 이외에도 파푸아뉴기니와 태국 등이 합류해 총 12개국 피해자를 비롯한 관계자 300여명이 참석했다.

〈10인의 전범자 명단〉

히로히토(일본국왕)

안도 리키치(대만군 사령관)

핫타 슈로코(중국방면군 사령관)

이타다키 세이지로(조선군 사령관)

고바야시 세이조(대만 총독)

마쓰이 이와네(상해 파견군 사령관)

우메즈 요시지로(관동군 사령관)

데라우치 시사이치(남방군 총사령관)

도조 히데키(수상 육군대신)

야마시다 토모우키(필리핀 14방면군 총사령관)

찾아보기

사고의 프런티어 1—역사/수정주의

⊙ 2015년 8월 25일 초판 1쇄 인쇄
⊙ 2015년 8월 31일 초판 1쇄 발행
⊙ 글쓴이 다카하시 데쓰야
⊙ 기획 한림대학교 한림과학원
⊙ 옮긴이 김성혜
⊙ 발행인 박혜숙
⊙ 책임편집 정호영
⊙ 영업 · 제작 변재원
⊙ 펴낸곳 도서출판 푸른역사
우 03044 서울시 종로구 자하문로8길 13
전화: 02)720-8921(편집부) 02)720-8920(영업부)
팩스: 02)720-9887
전자우편: 2013history@naver.com
등록: 1997년 2월 14일 제13-483호

ISBN 979-11-5612-057-5 94900
세트 979-11-5612-056-8 94900